シャアに学ぶ“逆境”に克つ仕事術

時代を駆け抜けた赤い彗星のリーダーシップ

ビジネス戦略コンサルタント　鈴木博毅

FROM THE STORY OF Z GUNDAM

日本実業出版社

機動戦士Ζガンダム

――シャアの新たな覚醒と、若き才能との出会い

シャアは勝者だったのか、それとも敗者だったのか――。

シャア・アズナブル、ジオンの赤い彗星。

地球連邦軍を震撼させたMSパイロットで軍略家。

流転する一年戦争という物語を記した「機動戦士ガンダム」では新しい時代の旗手として登場したアムロとガンダムに阻まれ、激戦の末、愛する女性を失ってジオン公国軍も瓦解してしまいます。

しかしシャアは、この戦いを通じて「自分の親の仇」として狙い続けたザビ家を滅亡に追い込むことに成功。

目標達成を成し遂げた「勝者」の一面も持っていたのです。

復讐を果たしながらも、深い喪失感に沈むシャア・アズナブル。
けれど急激な時代の変化は、彼に安息を与えませんでした。

いつまでも旧態依然とし、新しい変化を抑圧し続ける一方で、
権力志向の腐敗が広がる官僚的巨大組織「地球連邦軍」。
古い特権階級意識と共に、
「宇宙市民から生まれる変革の芽」をつぶそうと目論む
専横的な軍閥組織、ティターンズ。
「新たな時代の可能性」を鋭敏に感じ取るセンスを持つシャアは、
時代を理解せずに変わろうとしない存在への義憤に駆られ、
つかのまの休息と決別し、再び立ち上がるのです。
クワトロ・バジーナと名を変えて。

彼が新たな戦いを始めた時、ひとつのことに気づきました。
すでに自分が「たった一人で戦う」立場にないということです。

理想を実現するためには「組織」を動かし、
より広い範囲で勝利を収めるべきだからです。
一年戦争で対峙した実戦肌集団、地球連邦軍のホワイトベースの戦績を、
クワトロは思い出していたのかもしれません。
彼に衝撃を与えたあの経験を。

「一人で戦っていた異才」がチームや組織で勝つ力を求めた時、
彼は多くの人達と深くかかわることになります。
新しい挑戦の中でクワトロは仲間と共に戦い、組織を強くし、
組織を通じて自己実現を果たすリーダーシップを発揮していきます。

さらに、もう一つ赤い彗星を変える出会いがあります。
若き才能を持つ少年、カミーユ・ビダンとの邂逅です。
クワトロは、カミーユの中に
好敵手アムロ・レイの面影を見つけます。

未熟ながら奮闘し、少しずつ成長を始めていくカミーユの姿から
「生きることは、戦うことだ」という
クワトロ自身が忘れかけていたことを教えられるのです。

本書は、チーム・組織で勝つために、日々最前線で（部下と共に）奮闘する
日本中の「一年戦争後の赤い彗星」のために書きました。

日本という国も、世界的な変動の中で
次なるステージを見つけられずにいます。
しかし、「新たな時代の可能性」を
皆さんも強く感じているのではないでしょうか。

「時代を変えるのは老人ではない！」
戦闘の中、クワトロ・バジーナが叫んだ言葉です。
では「誰が時代を」変える役割を担うのか？

その答えは本書を読んだあと、皆さん自身で出してみてください。
「あの人物」がどのように戦い、
優秀な若手を育てながら勝利を得ていったのか。
宇宙世紀の新たな物語は、赤いMSリック・ディアスを駆る
クワトロの登場で幕を開けます。
私たちもさっそく本書に搭乗して、クワトロ・バジーナの
華麗な戦闘とリーダーとしての挑戦を追体験してみましょう。

2012年　2月

著者

Contents

シャアに学ぶ“逆境”に克つ仕事術
時代を駆け抜けた赤い彗星のリーダーシップ

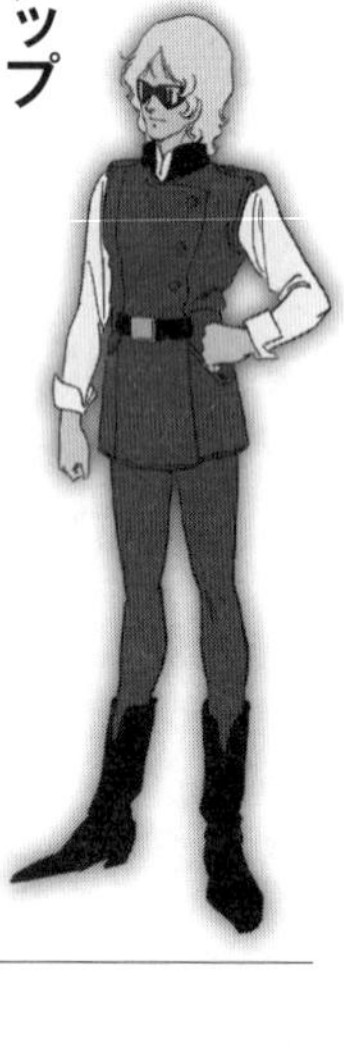

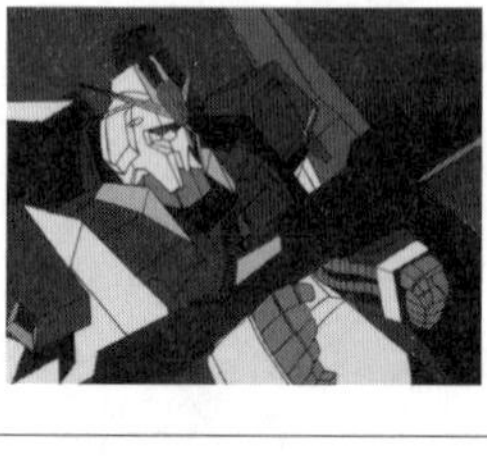

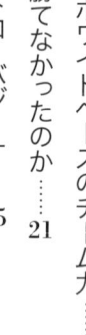

Chapter 2

シャアに学ぶ新人カミーユの手なずけ方

Chapter 3

カミーユがシャアに求めた理想のリーダー像とは？……79

Chapter 4

一年戦争の英雄アムロがカミーユの中に見たもの……101

Chapter 5

Chapter 6

Chapter 7

装丁／大下賢一郎
本文デザイン／関根康弘（T-Borne）
イラスト／堀江篤史

5分でわかる
「機動戦士 Zガンダム」の世界

地球連邦軍とジオン公国軍が戦った
一年戦争から7年後――、
そこから「機動戦士Zガンダム」の物語は始まります。
U.C.0087年、宇宙を支配する圧倒的な勢力はなく、
それぞれの主張や思想に支えられた組織や団体が
覇を競う世界になっていました。
地球連邦軍の威厳はすでに消え、
地球出身者のティターンズと呼ばれる
エリート集団が幅を利かせています。

そして、クワトロ・バジーナと名を変えたシャア、
その人が、反ティターンズを唱えるエゥーゴの
中心人物として登場してきます。
彼はカミーユという少年と出会い、
ニュータイプとしての大きな才能を
予感するのでした……。

■ U.C.0087年頃の主な組織・団体

■ エゥーゴ A.E.U.G

宇宙コロニー市民（スペースノイド）の自治権を求める、反地球連邦組織。ティターンズによるコロニー市民弾圧に反感を持つ、地球連邦軍の一部を巻き込みつつ勢力を拡大していく。元ジオン公国軍のシャアが、連邦軍のブレックス准将を指導者に立て、本格的な軍事勢力となった。カミーユが合流し、シャアの指導を受けながら急成長していく舞台となる。

ブライト・ノア

クワトロ・バジーナ

カミーユ・ビダン

エマ・シーン

■ 地球連邦軍 E.F.S.F

一年戦争時にブライト・ノア、アムロ・レイなどが所属した地球連邦の軍事部門。これらの中では最大勢力であり、巨大組織ゆえに、官僚主義が蔓延している。ジオン残党への不安から、過激な精鋭組織ティターンズの跳梁を許すことに。

ライラ・ミラ・ライラ

フォウ・ムラサメ

■ ティターンズ TITANS

一年戦争後、ジオン公国軍の残党狩りを目的として設立された、地球連邦軍内のエリート部隊。創設者のジャミトフ・ハイマンほか、バスク・オム、ジャマイカン、ジェリド・メサらが所属する。連邦軍内で権力を拡大しながら、宇宙コロニー市民への非人道的作戦を展開して、多くの人達の反発を招く。

ジェリド・メサ

パプテマス・シロッコ

バスク・オム

カラバ

ハヤト・コバヤシ

アムロ・レイ

反地球連邦軍組織エゥーゴの地上での活動を支援する組織。元ホワイトベースクルーのハヤト・コバヤシなど、地球連邦軍の軍人を中心に構成されている。一年戦争の英雄、アムロ・レイは連邦軍による幽閉から脱出したのち、カラバに合流する。

アクシズ

ハマーン・カーン

ミネバ・ザビ

一年戦争後、ジオン公国軍から離脱した軍人・市民が、小惑星アクシズを要塞都市にして発展。ハマーン・カーンが、ザビ家の血統である少女ミネバ・ザビを王女として擁立し、ティターンズとエゥーゴの抗争に第3勢力として登場する。

懐かしのあの人は……

シャアをはじめとして、「Zガンダム」では懐かしいキャラクターが顔を見せます。

アムロ・レイ
地球連邦軍に所属。地球で軟禁状態にあったが、カツやシャアの影響でカラバに合流し、MSで戦う。

ブライト・ノア
地球連邦軍所属。シャトルの艦長という閑職にあったが、エゥーゴに参加し、アーガマの艦長になる。

ハヤト・コバヤシ
フラウ・ボウと結婚。戦争博物館の館長をしながら、カラバの活動に参加している。

カイ・シデン
フリーのジャーナリスト。カラバに協力し、諜報活動を行う。

フラウ・コバヤシ
ハヤトと結婚し、カツ、レツ、キッカを引き取って暮らしている。左はキッカ、右はレツ。

カツ・コバヤシ
ハヤトとフラウの養子になる。エゥーゴに参加し、カミーユと共にMSで戦うが……。

ミライ・ノア
ブライトの妻になり、子を授かる。

セイラ・マス
どこかの別荘地で、資産を運用して暮らしている(らしい)。

Chapter 1

赤い彗星のシャアから
クワトロ・バジーナへ

一年戦争の7年後、
クワトロ・バジーナと名を変えたシャアは、
反地球連邦軍組織エゥーゴのリーダーとなっていく。
チームをまとめ、新人カミーユを育てるシャアが
心がけていたものは何だったのか。

U.C.0087
Chapter 1

シャアを驚かせたアムロとガンダム、ホワイトベースのチーム力

最新鋭MSガンダムという〝保育器〟で急成長する若者

一年戦争を描いた「機動戦士ガンダム」の第1話、宇宙コロニーのサイドセブンで、シャアは地球連邦軍の新型MSガンダムと少年アムロに出会います。ガンダムはその高性能な機体で、熟練パイロットであるシャアの圧倒的な攻撃を無効化し、ほぼ素人の少年アムロを生き延びさせることに成功します。

その後、アムロはガンダムという「保育器」に命を守られながら、敵のエースと死闘を繰り返します。この貴重な戦闘経験が、やがてアムロを覚醒させるのです。

では、もし新兵（ほぼ素人）のアムロが、この時、仮にジオン公国軍の量産型MSザク

に搭乗していたら、どうなっていたでしょうか。

ザクはガンダムのビーム・ライフル一撃で木端微塵に吹き飛んでしまう機体です。初陣でシャアと同レベルの操縦ができなければ、アムロはたった一回の出撃で戦死してしまったはずです。乗った機体がザクなら一度のチャンスで最高の結果を出す必要があったのです。

この視点に立てば、保育器としてのガンダムがどれほどアムロの成長に大きく寄与していたのか、ご理解いただけると思います。

「機動戦士ガンダム」の当初、シャアはアムロよりも戦士として優れていたが、搭乗するMSの性能差を埋めることはできなかった。

予期せぬ「イノベーション」としてのガンダムとアムロ

一方のシャアは、当時ジオン公国軍最高のエースパイロット。「赤い彗星」の異名をとり、縦横無尽の機略で地球連邦軍を震撼させる存在となっていました。

そしてアムロは軍籍を持っていない民間人。当初は凄腕パイロットらしきイメージからはおよそかけ離れた普通の少年でした。にもかかわらず新たな才能を開花させ、一年戦争での地球連邦軍側最高のパイロットとしてジオンの赤い彗星を窮地に追い込みます。

まさに「予期せぬ成功」。著名な経営哲学者であるP・F・ドラッカーの指摘した、ビジネスにおけるイノベーションが起こっていたのです。見出されることを待っていた「成功の芽」であるアムロは、ガンダムという「条件」を得たことで、既存の強者を駆逐してしまうほどの影響力を発揮したのです。

新たに生まれた大切な目標を喪失するシャア

強敵として台頭し始めるガンダムとアムロ。激戦に夢中になる中で、シャアは心を許し始めていた恋人ララァを失います。

ザビ家打倒を目標としてジオン公国軍に入り込んだシャアですが、少女ララァとの愛はその途中で偶然出会ったものであり、彼にとっては新たに生まれた大切な目標でした。しかし、ザビ家打倒という古い目標に固執することで、シャアはララァとの幸せな未来をつかむことなく、一年戦争を終えることになります。

「未知の壁」に直面した人間が選択する道

シャアは一年戦争を通じて地球連邦軍のホワイトベース、俗称「木馬」と戦いますが、その乗組員の粘り強さ、成長の速度に驚きを感じていたはずです。

当初の驚きはやがて危機感に変わり、最後は強烈な焦燥感となりました。

「ララァ、教えてくれ。どうしたらいいのだ？」

シャアはアムロとガンダムに追い詰められ、苦すぎる言葉を発します。窮地に立つ赤い彗星は、どのような心境だったのか。かつての栄光からほど遠く、焦って必死になる自分に、情けなさも感じていたのかもしれません。

通常、私たちは「巨大な壁」に突き当たり、打開策が見えない場合、次の２つの心理に陥ると思われます。

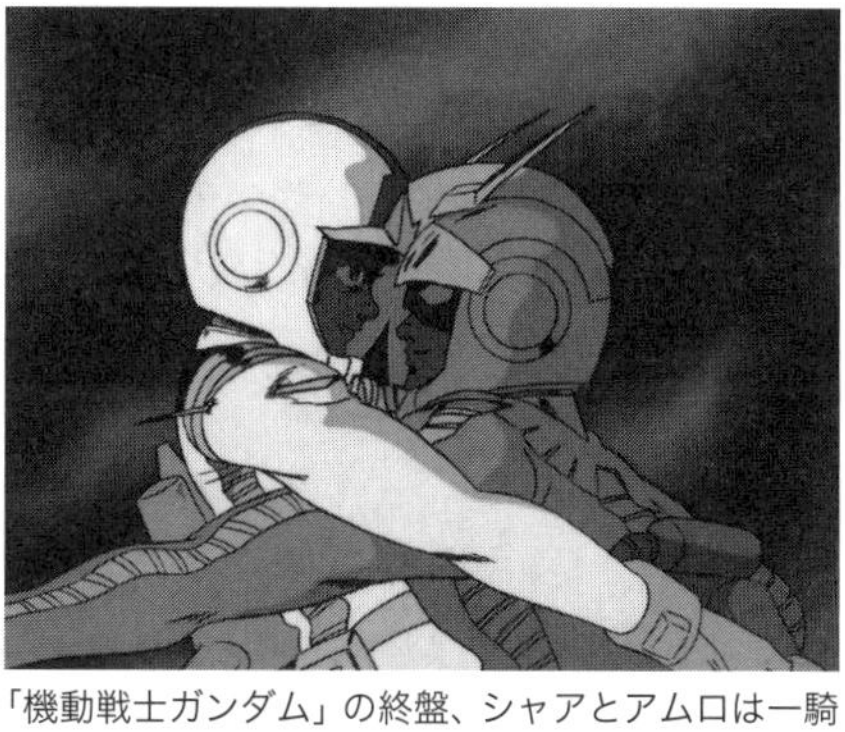

「機動戦士ガンダム」の終盤、シャアとアムロは一騎打ちになる。しかし、勝負はつかなかった。

①「未知の壁」は乗り越えられないものと諦め、精神的に逃避する
②「未知の壁」を子細に分析し、その力を自らの中に取り込む

一度は地に堕ちた赤い彗星は、新たにどのような道を選ぶのか。自身の栄光から一転、アムロとガンダムの急成長、地球連邦軍ホワイトベースクルーの結束力に驚き続けたシャアの一年戦争は、明確な答えを見ぬまま終結を迎えます。

Business Point

巨大な壁に突き当たって追い詰められた人の心理は、①勝つことを諦めて逃避する、②壁の力を理解して自分に取り込む、この2つに大別される。シャアの一年戦争は、その選択をする前に終結を迎えた。

U.C.0087
Chapter 1

「赤い彗星」シャアはなぜアムロに勝てなかったのか

シャアが陥った「赤い彗星のジレンマ」

一年戦争初期、ジオンの「赤い彗星」は、最新鋭兵器であるMSの凄腕パイロットとして、地球連邦軍を震え上がらせる華々しい活躍を見せます（ルウム戦役など）。

親の仇、「ザビ家を討つ」という目標を少年期から抱き続けていたシャアは、ジオン公国軍の士官学校を卒業したのち、戦場での自らの戦果によって出世の階段を上っていくのです。

「シャア少佐だって、戦場の戦いで勝って出世したんだ！」

これは「機動戦士ガンダム」第1話でジオン公国軍の新兵ジーンが叫んだ言葉です。戦場に足を踏み入れたばかりの新兵が強い憧れをもって出世の目標として口にする男の名。自己研鑽を続けた若き天才は、敵側の地球連邦軍、味方のジオン公国軍、共にその名前を知らぬ者がいないほど、突出した存在となっていきます。その時、「赤い彗星」は確かに輝いていたのです。

積み上げた成功体験が逆に悲劇を呼ぶ

ところが、シャアが地球連邦軍のサイド7（宇宙コロニー）でガンダムとアムロに出会うことで、彼の運命は文字通り激変します。「連邦のモビルスーツは化け物か！」とシャアが驚嘆するほど性能に圧倒的な差がある新型MSガンダム、特殊能力を秘めながら急速に成長する敵側パイロットのアムロ・レイ。

この新たに出現した巨大な壁（ガンダムとアムロ）を前にして、若き日の絶頂にいたシャアは何度も同じ形で戦いを挑み、ついにその巨大な壁を乗り越えられずに失速していきます。彼は過去の成功体験と自らの能力を過信することで、成功者を蝕むジレンマ――これを「赤い彗星のジレンマ」と呼びます――に陥っていたのです。

物事の評価基準がすでに時代遅れに…

ほとんどの人間は、多くの物事に対して自分なりの評価基準を持っています。ある事象が「正しいのか間違っているのか」、あるいは「どう対処すべきなのか」などの基準です。「赤い彗星のジレンマ」とは、その人物の事象への判断基準がもはや古くなってしまった状態です。以前は勝利できていたあなたが同じ戦法で急に負けるようになったのなら、それは直面している敵が〝知らぬ間に〟過去とは違う新しい存在に生まれ替わっている可能性があります。

現実は変化したのに、それを測る評価基準が古いままの状態。つまり、もはや「時代遅れ」なのです。こうなると、当然、失策を重ねていくことになります。

孤独な天才、シャアはチーム力を発揮できなかった

「赤い彗星のジレンマ」に陥るか否かはその人物を囲む人間関係も大いに関係しています。

シャアが失速を始めた時、ガンダムとアムロの脅威を理解し、シャアに警告できたのは戦場に不慣れな少女ララァ・スンのみでした。

シャアは自らの天才を頼りとしたタイプのエースでした。彼自身が軍令に違反して戦果を上げて出世しているため、部下たちは独断専行や命令違反にさほど抵抗がありません。

そもそもシャア自身は両親の仇である「ザビ家打倒」を胸に秘め、ジオン公国軍に潜伏する形で所属していました。このような状況ではジオン公国軍の人々と共通の目標を持つことができません。当然、チーム力を発揮できるはずもなかったのです。

Business Point

過去の成功体験に囚われて、変化する現実に対応できなくなる「赤い彗星のジレンマ」。このジレンマを抱えながら孤独な天才として組織に所属していたことで、シャアは、チーム力をまったく発揮できなかったのです。

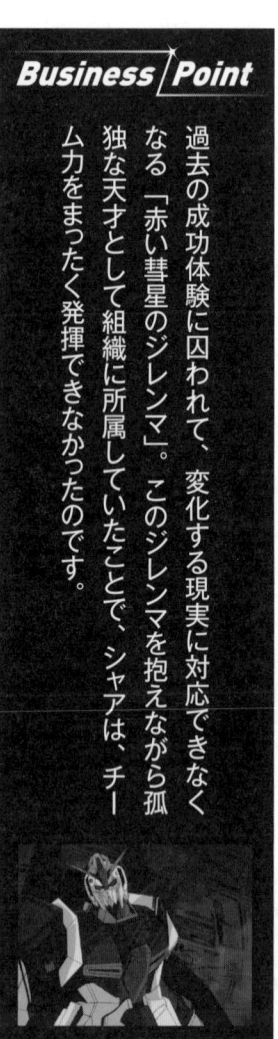

U.C.0087
Chapter 1

「若さゆえの過ち」を教訓とするクワトロ・バジーナ

過去の過ちから最大の教訓を引き出す強さ

すでに説明したように、「一年戦争」でシャアはさまざまな過ちを犯し、いくつもの後悔を残す形で戦闘を終えました。その7年後、「機動戦士Zガンダム」という物語では、彼はあらゆる過去の経験から最大限の教訓を引き出し、いまこの瞬間に直面している問題を解決するための新しい武器としていきます。

シャア自身がそうだったために、ジオン公国軍では「結果がよければ命令違反もいとわない」という悪しき風潮が生まれてしまいますが、新生シャアは指揮するチームに一貫して「正しい秩序」の維持を求めます。クワトロ・バジーナと名を変えた彼は、過去の過ちから新たな賢さと強さを手に入れたのです。

「若さゆえの過ち」すべてを教訓として武器に変えるためには、振り返ることさえ苦しい記憶に、真正面から向き合う必要があります。心に深い痛みを残した記憶は誰もが目をそむけたくなるもの。けれど、その苦々しい記憶を冷静に分析して武器とするには、痛みから逃げず、自分の弱さを摘出することがまず必要だったはずです。

シャアはそれを成し遂げ、クワトロ・バジーナとなることができたのでしょう。

かつてない役割を引き受けて、新たな存在意義を発揮する

新しい物語でクワトロ・バジーナとなったシャアは、これまで経験したことのなかった「新たな役割」を積極的に引き受け、新しい才能を存分に発揮していきます。未熟な若手の教育から、正しい部隊規律を生み出す緻密な戦闘指揮、上層部とのコミュニケーション、政治的な駆け引き、民衆の心を動かす大演説。

かつては「凄腕パイロットで一匹狼の部隊指揮官」という、自分の最も得意とするポジション以外は積極的に可能性を求めなかったシャアからは考えられないほど、多彩な役割

をこなしていきます。

「役割が人を成長させる」とはよく言われますが、シャアはまるで自分の古い殻を破るかのように、組織内で次々と新しい役割に挑戦します。その経験は、彼にさまざまな負荷を与えると同時に、まったく新しい才能を花開かせることになるのです。

理想を持って戦える立場を自ら創る

一年戦争時のシャアは、ジオン公国軍の中堅指揮官ではありますが、あくまで現場の人間であり、組織全体の意思決定に影響を及ぼすことはできません。さらにザビ家は彼の両親の仇であり、ジオン公国軍と彼自身の目標は「絶対に一致しない」という立場で戦闘を行う必要がありました。

ところが新しい物語では、自ら反地球連邦軍組織エゥーゴの創立にかかわり、中核的なメンバーとい

クワトロ・バジーナと名乗るシャアは、自らの「若さゆえの過ち」を乗り越え、新たな進化を成し遂げた。

う立場を手に入れます。「新たな時代の可能性」を実現するという、自身の理想を掲げて戦える立場を創ったのです。

つまり、仮面で本心を隠しながら戦う過去から、自分の理想を組織と重ね合わせて追求できる状態に変わったのです。それはまるで、私たちビジネスマンが「自分の本当の理想」と仕事内容を一致させることができたようなものです。赤い彗星の輝きがひときわ強くなるのも当然のことでしょう。

誰もが絶望している時に、勝利を確信する不敵さ

実はひとつだけ、シャアが以前と変わらなかった点があります。不利な戦況にもかかわらず、機略と才覚により「自分の勝利を確信する不敵さ」です。さらに言えば、ほとんどの人達が状況に押しつぶされ、絶望的な気持ちでいた時に、シャアは誰よりも早く理想を追求する戦いを始めていました。

「機動戦士ガンダム」から7年後の宇宙では、地球連邦軍の専横組織ティターンズがスペースノイドを抑圧し、以前の名艦長ブライトは閑職に押しやられ、アムロ・レイは淀んだ

環境に幽閉されて復活を諦めていました。すべての人が希望を失っていた時に、シャアだけが平然と戦いを開始し、よりよい世界への変革を目指します。

一年戦争の赤い彗星と言えば、MSのコクピットで不敵な笑みを浮かべるシーンを思い浮かべますが、クワトロ・バジーナとなった新たなシャアは、より慎重かつ確実に勝利を積み重ねていく円熟さを身につけています。逆風が吹き荒れる中で戦闘を始める新生シャアは、MSのカリスマパイロットから、時代の変革を導き組織を動かすカリスマへと大きく変貌を遂げていくことになります。

Business Point

あなたは「若さゆえの過ち」から学び、行動を変化させているだろうか。シャアは自らの痛みを成長に変換し、新たな物語を勝ち抜く武器を得て、クワトロ・バジーナとなった。

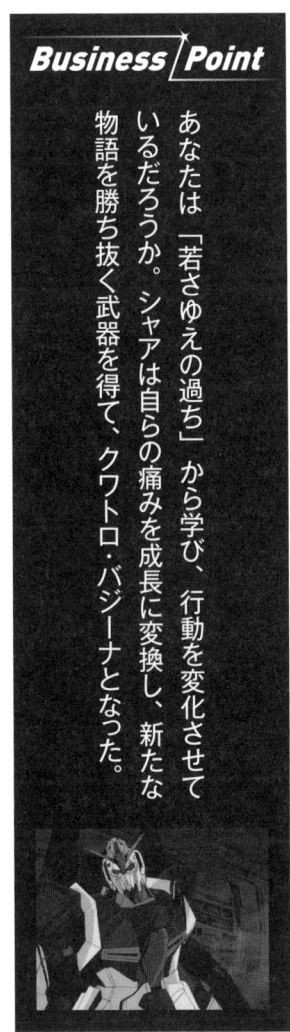

U.C.0087
Chapter 1

新生シャアの「目標達成型」チームを創る4原則

冷徹な視線で等身大の自分と向き合う

人は過去の自分を振り返る時、良い点を美化し悪い点に目をつぶる傾向があります。これはおそらく自らを傷つけ過ぎないように、「自己保護」の精神が自然に働くからでしょう。記憶の美化は心地よさを味わうには効果を発揮します。しかし、厳しい現実の中で理想を達成するには、冷徹な視線で等身大の自分と向き合い、事実として起こった結果のみに注目する必要があります。新生シャアであるクワトロ・バジーナは、次の4つの対策を徹底することで「目標達成型チーム」を見事に創り上げていきますが、これらすべてが彼の経験と深い反省から導き出されていることがわかります。シャアが過去の自分を美化せず、身を切るような冷気の中でつかみ取った教訓だったのです。

①目標達成のためには「場」全体を見渡すこと

「あの赤いモビルスーツは、あれ一機で周囲のモビルスーツの動きまで支配します」

Zの第5話、敵陣営ティターンズのジャマイカン少佐は、クワトロの率いるエゥーゴMS部隊に苦戦して思わずこう口にします。

複数のスタッフが参加する作戦では、同時並行的に作業が進められるため、時として「理想の完成形」が見えにくくなることがあります。しかし、チームを率いるリーダーは常に「理想の完成形」を見据えていなければなりません。各人がどう活動し、いかなる成果を上げているかを正確に掌握しつつ、最終的な成果へ向けて、必要な矯正やアドバイスをしなければならないのです。

組織全体を俯瞰できるリーダーは、チームの若手やベテランに対して、それぞれに一番適したケアができます。クワトロは一年戦争からの部下であるアポリーとロベルトには「油断するなよ」と何度も言葉をかけ、新人のカミーユには「冷静になれ」「落ちついて行動しろ」と繰り返します。かつて部下を管理できずに何度もつまずいた彼の姿はそこにはありません。

第2次世界大戦で活躍し、350機以上を撃墜した名パイロット、ドイツの撃墜王エーリヒ・ハルトマンは、自らが率いた部隊では同僚を1名も戦死させなかったことで有名です（被撃墜僚機は1機あるが、生還）。

日本の零戦撃墜王として世界的に有名な坂井三郎氏も、共に出撃した僚機での戦死者を出していません（被撃墜もゼロ）。歴史に名を残した偉大な撃墜王は、部下の状態を把握する超人的な「俯瞰力」を持っていたのです。

目標達成へ向けて部下が抱える課題はそれぞれ異なります。その違いをしっかりと認識して、シャア（クワトロ）は全体を見渡しながら細やかな戦闘指揮を行い、自らの部隊が出せる最高の戦果を積み重ねていくのです。

②チームの「目標」は何度でも確認する

チームの場合、残念ながら全員の意識が常に「目標の達成」に向いていることは稀です。

ビジネス戦士たちの［名セリフ集］

「子会社の提案にコストカットの要求をする!? 正気か?」

【「機動戦士Zガンダム」第1話より】

クワトロ・バジーナ：

「自分たちのコロニーの中でバルカンを使う!?　正気か？」

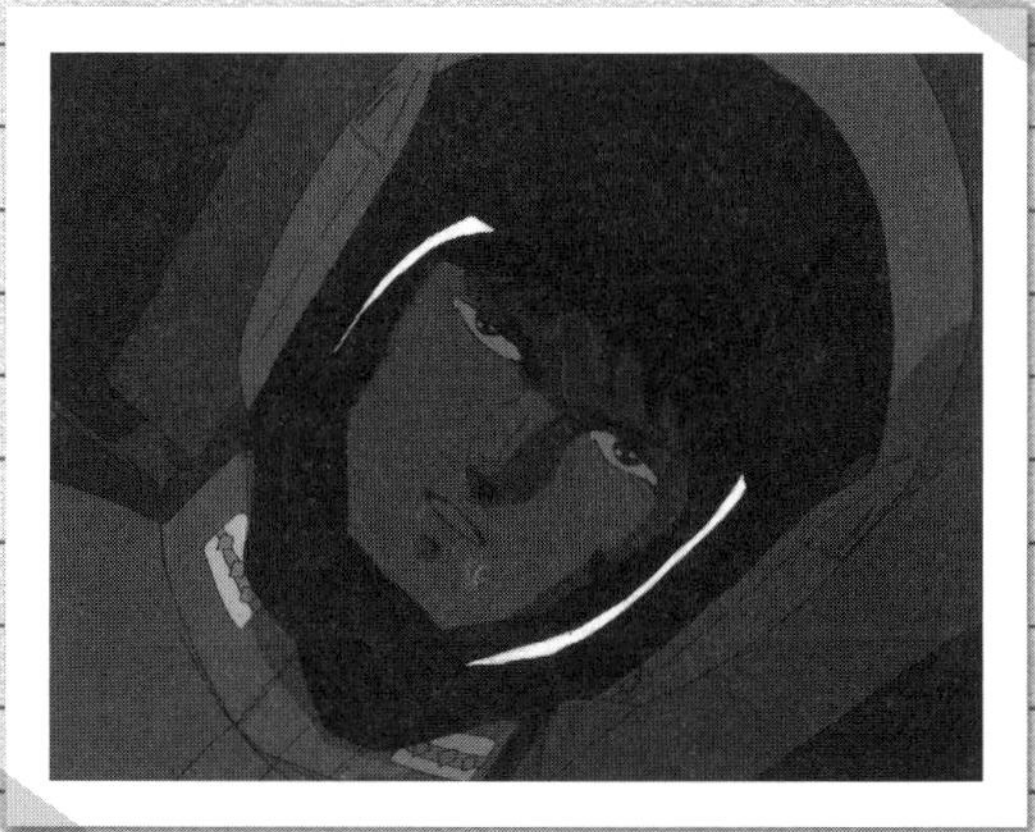

密かに会社の方針に賛同していない、現在の待遇に強い不満があるといったメンバーもいるでしょうし、指示されたことを漫然とやるだけの人も多いと思います。

メンバーの意識がバラバラで日常業務の足並みも揃わず、ベストのパフォーマンスからほど遠い〝成果を出せない職場〟に陥っている例は、日本全国にたくさんあるはずです。

「機動戦士Zガンダム」の物語の冒頭、地球連邦軍のガンダムMk‐II（マークツー）を強奪するシーンで、クワトロは部下へ「二人はわかっているんだろうな、できれば無傷で手に入れたいのだ！」と叫びます。以降の戦闘でもシャアは「作戦目標」を何度も部下に繰り返して強調しています。

通常、組織とは何らかの成果を上げるためにつくられた集団です。しかし、いつの間にか「ぬるま湯」になってしまい、メンバーの目的意識が希薄になることがあります。こうした空気が蔓延すると、上司でさえ「目標」に対してあまりうるさく言わなくなってしまうのです。緊張感のなさや惰性がその原因と思われます。

しかし、シャアは一年戦争での反省からか、自らの指揮する現場部隊に「目標達成意識」を求めていきます。

ビジネスにおいても勝利を得るために、絶対に粘るべき場面が存在します。シャアは戦場で勝つために「目標達成」を部下の行動管理基準にしているのです。

③「緊張感」を維持させて成果を上げる

「ロベルト中尉、その過信は自分の足元をすくうぞ」。クワトロはZの第1話の冒頭で部下の油断を注意しています。

優れた人間にとって最も危険な落とし穴が「慢心と油断」であることを、シャア（クワトロ）は十二分に知っています。その苦い経験を活かし、自らのチームには適切な緊張感を維持させるよう、シャアは常に意識しているようです。

作戦中には、部下に「次に起こるさまざまなリスク」を示唆し、失敗を回避できるような指示も出しています。「外には待ち伏せ隊がいるぞ、

出撃時のクワトロは、味方の陣営に細かな指示やアドバイスを絶えず与え、確実に目標を達成していく。

いいな？」。コロニーから脱出する際、シャアは部下にこう助言します。

経験の浅いスタッフほど、仕事を進めるうえで「次に起こること」を予測する能力（まさに体験）がありません。逆に言えば、シャアは自分の経験の一部を部下と共有することで「想定外の出来事」を防ぎ、注意すべきポイントを伝えてミスを最小限に抑えるようにしているのです。

一年戦争当時から比較し、シャアの操縦技量はさらに向上しているはずですし、戦闘経験の豊富さから考えても「深い自信」を持っていいはずです。それでもシャアは、自ら油断の入り込むスキなどない戦闘を繰り広げ、さらに部下の慢心を厳しく戒める言葉を繰り返します。

④自らの「価値観」を語って周囲を巻き込む

クワトロ（シャア）はカミーユ・ビダンという少年がエゥーゴの一員になったあと、折りに触れて自らの「価値感や理想」を積極的に語ります。

「次の世代の子供たちのための世づくりをしなくてはならない」

「ティターンズが暴走を始めたから戦うのさ」

「地球の人々の魂を……」

「彼らは宇宙にこそ希望の大地があると信じた」

「新しい時代を創るのは老人ではない！」


これらの言葉がすべてシャアの価値感を表現したものではないかもしれませんが、どうして彼が戦っているのか、どんな理想を抱いているのかを言葉にすることで、シャアは胸に秘めている想いを若い部下に伝えようとしています。

黙して自らの想いや意図を語らず、部下は駒のようにただ言われた通りに動けばよいという不遜な態度は、一年戦争時のシャアに頻繁に見られた部隊指揮でした（当時のシャアの目的は

クワトロは機会を捉えてはカミーユと会話し、自らの理想や価値観を語って、その心を開かせていく。

目標達成型チームを創る4原則

① 「場」全体を見渡すこと

② 「目標」は何度でも確認

③ 「緊張感」を維持させる

④ 自らの「価値観」を語る

「ザビ家打倒」であり、それ故に意図を語ることはなかったのですが、部下にしてみれば自らが駒のように感じられたことでしょう)。

しかし、それでは部下の全力を引き出すことはできませんでした。新生シャアは想いや理想を共有することで、部下が100%の力を発揮することを願っているようです。

リーダーが理想や目標を語らず、「あれをこうしろ」「これやっておけ」だけでは、部下は置き去りにされていると感じるものです。リーダー自らがその価値感や理想を言葉にすることは、周囲を同じ理念で巻き込み、部下に積極的な貢献を促すことにつながります。

確実に勝てる「目標達成型チーム」を目指す

一年戦争では自らの才能を頼み、孤立していた印象のシャアですが、新しい物語では4つの対策を徹底して実践し、スキのない実務的なリーダーとして活躍します。

新たなシャアの姿勢には、過去から学ぼうとする強靭な意思を感じます。過去の失敗を教訓として自分を変えなければ、また同じ失敗を繰り返すことになるからです。

軍略家としての優れた資質ゆえか、7年間の間に「自らを厳しく客観視する」ことで、これらの有効な対策を生み出したのでしょう。

Business Point

あなたは過去の弱点を、自分を変えることで克服しているだろうか。シャアは過去を美化せず、自分を変革することで戦場に返り咲いた。

U.C.0087
Chapter 1

赤い彗星に学ぶ「3倍速」の仕事術

状況判断の速さ、行動に移る迅速さ

この章の最後に、新生シャアの成長の跡というより、彼の本来の資質がより進化した部分として、「仕事のスピードが劇的に速い」点を挙げておきましょう。

「赤い彗星」の名前の由来となった真っ赤なカラーリングのシャア専用ザクは、通常のザクの「3倍のスピードで向かってくる」と噂され、地球連邦軍のホワイトベースクルーを驚かせました（一年戦争時）。

〝できる人は仕事が速い〟と言いますが、実際、シャアの判断も行動も、他人を寄せつけないほどのスピード感があります。

次のシャア（クワトロ）とカミーユの会話は、シャトルで大気圏突破を行い、アーガマとの合流地点へ向かう時に交わされたものです。

クワトロ「ん、見えたか？」
カミーユ「はい、たぶん戦闘の光です」
クワトロ「アーガマか。周回軌道に入ったようだ」
カミーユ「大尉？」
クワトロ「アーガマ支援の準備だ、来い！」
カミーユ「はい！」

カミーユが状況を目にしたその瞬間にクワトロは次の行動を決断し、すぐさま指示を飛ばします。未熟なカミーユに考える時間を与えないほどクワトロは高速で支援準備を開始し、その結果、苦戦するアーガマの救援に成功します。

クワトロは常に先を読んで行動に移す。感情のコントロールも訓練されており、無駄な感傷で時間を浪費しない。

気持ちの切り替えが並はずれて速い

もうひとつ、赤い彗星の「3倍速」を象徴する資質として、シャアは気持ちの切り替えが異常に速いことが挙げられます。目の前でひとつの展開が完了する瞬間に（あるいは以前に）、次の展開のビジョンと決断ができあがっていて、感傷に流されることがないのです。

- ひとつのプロジェクトが完了した瞬間に、気持ちの切り替えが完了している
- プロジェクトが完了した時点で、次の仕事の段取りがすでにできている
- 仕事を終えても感傷に浸る時間をつくらない、徹底した習慣管理

エマ中尉がティターンズからエゥーゴ側に寝返り、エゥーゴのMSの数が増えた瞬間に敵への奇襲を立案する姿、あるいは一年戦争からの部下であるロベルト中尉が戦死した時も一切の感傷を自分に許さず、次の作戦のための整備段取りに着手する迅速さ。

シャアはひとつの仕事が完了したあとに精神的な空白を設けず、すぐに次の展開・作戦

に着手できてしまうのです。並みの者ではその切り替えの速さについていくこともできないでしょう。シャアのこの「精神的な切り替えの速さ」と「超高速の段取り」が、作戦の効果を劇的に増進させているのです。

世界的権威が語る「品質を落とさず速くなる方法」とは？

プロジェクト管理の世界的権威が書いた『熊とワルツを』（トム・デマルコ／ティモシー・リスター著　日経ＢＰ社）には〝究極のリスク軽減戦略〟についての言及があります。一体どんなことが最高の「リスク軽減戦略」になるのか、皆さんはご存じでしょうか。それは何と、「早く着手すること」だというのです。

デマルコは、遠方の会議のために出張が必要なケースでこれを説明しています。

①前日に飛行機で移動し、その都市のホテルに前泊して、翌日は市内のホテルから会議に向かう

②当日の早朝から飛行機で移動し、その日のうちに会議に向かう

2つのケースでは、前者はあらゆる場面において余裕を持てますが、後者は「ひとつの前提でも崩れた場合」、会議に間に合わず、移動時間中はミスがひとつもできないという緊張感と不安に包まれたものになると指摘しています。

「期日が絶対のプロジェクトでは、早く始めることこそが真のリスク軽減である。ほとんどのプロジェクトでは、それが遅延リスクを抑制する唯一の有効な方法だろう」（以上、『熊とワルツを』より抜粋）

3倍のスピードを誇ると言われるシャアは、「あらゆる仕事に3倍早く着手する」ことを確実に実践しているはずです。

成果を獲得する〝速さ〟を生み出す構造

シャアに学ぶ、仕事を3倍速で進めるコツを、おさらいしておきましょう。

ビジネス戦士たちの［名セリフ集］

「急げ！ お前だってビジネスマンになったんだろうが！」

【「機動戦士ガンダム」第33話より】

テム・レイ：「急げ！ おまえだって軍人になったんだろうが！」

●状況判断と決断の飛び抜けた速さ（現場へ急行する力も含む）
●精神的な切り替えが速く、仕事完了時には次の段取りもすでに完璧
●何が起こっても、ダラダラと無駄な感傷に浸らない
●すべての仕事に通常の3倍早く着手する

新しい物語で活躍するシャア（クワトロ・バジーナ）は、抜群のスピード感と信頼感を兼ね備えた指揮官として描かれています。周囲のクルーは彼であれば仕事をやり遂げると信じていますし、その速さは味方陣営の大きなプラスになり、逆に敵陣営には大きな脅威となっています。

「好きにしやがって！　速すぎる！　まるで赤い彗星だ」

宇宙コロニーのグリーン・ノアでシャアと

クワトロの乗る新型MSリック・ディアス（右）。俊敏に動き、カミーユを助け、敵を翻弄する。

対峙した地球連邦軍パイロットは、シャアのあまりの速さに焦って、こう叫びました。
仕事における赤い彗星とは、ライバルにこのような印象を抱かせるスピード感で、確実に目標を達成するビジネスマンを指すのでしょう。

Business Point

新生シャアは、速さと信頼感をあわせ持つ人物である。気持ちの切り替えが早く、感傷に浸らず、何事にも早く着手する。スピードとリスクヘッジの両立ができる人物こそ、ビジネス界の「赤い彗星」である。

クワトロ・バジーナの優れた部下育成力を史実に探すと?

ドイツ空軍の二人のパイロット

「機動戦士Zガンダム」ではクワトロ(シャア)とカミーユの師弟関係が軸となって物語が展開します。歴史上、この師弟関係を彷彿させるのは、ドイツ空軍のハルトマンと、彼の上官ゲルハルト・バルクホルンでしょうか。バルクホルンはドイツ空軍ではハルトマンに次ぐ2位の撃墜数を誇り(3位はギュンター・ラル)、多くのパイロットから尊敬を集めていました。「父として、兄として、同僚として、友人として、私が知っている人の中で彼こそ最高の人物である」とは、後輩であり部下でもあったハルトマンの言葉です。

被弾負傷したバルクホルンは4か月療養し、その間にハルトマンが300機の撃墜を先に記録するなど、二人は極めて高いレベルの師弟関係にありました。物語とは逆にバルクホルンは黒髪、ハルトマンは金髪ですが、二人の強い信頼関係はクワトロとカミーユに通じるものがあります。

新人は上官次第で生死が分かれる

戦史を見る限り、空の戦闘は上官パイロッットの技量次第で新人の生死が決定されてしまうほど厳しい環境です。逆に言えば、優れた上官は「部下を戦死させずに育てる」ことが職務の重要な一部なのです。

出撃する戦況を冷静に判断し「有利な体制を必ず占める」こと、無謀な深追いは絶対にさせないこと、勝てる条件を創ることを怠らず、最適な場所でのみ全力で戦わせること、などがその手腕です。

若き撃墜王を育てた大空のサムライ

日本海軍の坂井三郎は、自身がエースパイロットであるだけでなく、僚機被撃墜が一度もない名指揮官でもありました。のちに「ラバウルの貴公子」と呼ばれる笹井醇一中尉を教育し、若き撃墜王に育てます。しかし、坂井が負傷して日本本土に戻ると、笹井中尉は坂井が抜けた穴を埋めるためか無理を重ね、米軍が占拠するガダルカナル飛行場まで敵機を深追いして一騎打ちの激戦となり、撃墜されて戦死します。

戦後、坂井の著作『大空のサムライ』は世界的なベストセラーになり、当時、坂井は海外で最も有名な日本人の一人となったそうです。

Chapter 1をもっと理解するためのBOOKS

孤高の一匹狼から脱皮し、人を率いてより大きな力を引き出すために
必要なスキルを学ぶ

Books 1

逆境を生き抜く力

我喜屋優 著　WAVE出版　1,470円（税込）

沖縄県の興南高校で、史上6番目の甲子園春夏連覇を成し遂げた監督の著書。逆境や嫌なことから逃げると問題が追いかけてくるが、立ち向かって乗り越えると成長が達成される。高校球児たちを鍛え上げた名将の教育哲学が、ホワイトベースクルーらの状況を彷彿とさせる良書。

Books 2

不屈の鉄十字エース

レイモンド・F・トリヴァー／トレバー・J・コンスタブル 著　井上寿郎 訳　学研M文庫　798円（税込）

第２次世界大戦中、撃墜352機という不滅の大記録を打ち立てたドイツの「撃墜王」ハルトマン。華々しい戦績に似合わず、彼は初陣から数回は大失態を経験する。しかし、名パイロットで優れたリーダーのロスマン曹長のウィングマン（僚機）となって以降、歴史に残る彼の快進撃が始まる。

Books 3

世界標準の仕事術

キャメル・ヤマモト 著　日本実業出版社　1,575円（税込）

欧米・中東・アジアの企業と人材を見続けて活躍している著者の「世界標準」の仕事術。現在、グローバル人材になること、グローバル人材を育成することの重要性が強く指摘されているが、本書では具体的かつ段階的に、本物のグローバル人材になるためのステップがわかりやすく説明されている。

Chapter 2

シャアに学ぶ 新人カミーユの 手なずけ方

自己中心的で組織に非協力的なカミーユだったが、
クワトロ（シャア）と行動を共にするうちに、
一人前の戦士として成長する。
いかにしてシャアはカミーユの心を開いたのか。

U.C.0087
Chapter 2

ゆるい職場の新人 カミーユ・ビダン

赤い彗星、未知数の才能を持つ少年と出逢う

一年戦争の7年後、連邦軍の新型MSガンダムMk－IIを強奪しようと、宇宙コロニーのグリーン・ノア（元サイド7）へ潜入したクワトロ・バジーナ（シャア）は、カミーユ・ビダンという少年と出逢います。

シャアはカミーユの中に未知数の才能を感じ、自分の所属するエゥーゴに参加させます。当初はわがままで自分本位な思考が目立つカミーユですが、やがて才能を開花させ、宇宙世紀における最高度とも言えるニュータイプへと成長を遂げます。その急成長ぶりは一年戦争当時のアムロ・レイを彷彿とさせるほどでした。

ところが、ここに驚くべきことがひとつあるのです。カミーユ・ビダンが「急成長」する環境・条件は、アムロ・レイのそれとはまったく異なっていることです。

厳しい環境のもと保育器「ガンダム」で急成長したアムロ

一年戦争の英雄アムロが最初に戦闘に参加した時、彼を取り巻く環境は「すべてが厳しい」ものでした。アムロはサイド7でジオン公国軍の急襲を受け、地球連邦軍の最新鋭艦ホワイトベースに乗り込みますが、

①正規のパイロットはすでに全員戦死（乗船していない）
②MSの操縦を指導してくれる先輩も上司もいない
③偶然、ガンダムに最初に乗ったことで出撃を強要される
④追いかけてくる敵は、ジオン公国軍最強のエースパイロット、シャア
⑤ほかにパイロットがいないため、自分が戦うしかない
⑥本質を突いているが、厳しい要求ばかりのブライト・ノアが上司

という状況です。飛び込んだ環境は「あまりにも厳しい」と言わざるを得ません。

唯一、アムロを救ってくれる存在は、地球連邦軍の最新鋭MSの「ガンダム」です。一年戦争の初期、敵のシャアが「連邦のモビルスーツは化け物か！」と驚嘆するほど優れた性能のガンダムは、搭乗者アムロの〝育成器〟の役割を果たし、彼が操縦技能を向上させるまで、彼を戦死させずに守り続けます。

アムロは、敵のザクを倒すという成果を上げていくことで「自己効力感（自分が役に立っていると感じること）」を得られる戦闘に興味を持つようになります。敵のエースパイロット、シャアとは「ギリギリの戦闘」を行い、激戦を〝貴重な経験〟として蓄積していきます。

アムロは厳しい環境でも、ガンダムに守られて戦うことで脱落せずに急成長を果たせたのです（詳しくは、拙著『ガンダムが教えてくれたこと』のSIDE I「若手を即戦力に仕立てる秘策」をご参照ください）。

カミーユの命を守れないガンダムMk-Ⅱ

ところが、カミーユが搭乗したガンダムMk‐Ⅱは、性能が向上した敵側MSと比べても特に決定的と言えるほどの性能差はなく、カミーユを守り切ることができないのです（初期の月面戦闘などで、カミーユは戦死する直前にまで追い込まれます）。

カミーユを危機から救ったのは、ガンダムという機体ではなく、優れた上司のシャア（クワトロ）でした（のちにアムロにも命を救われます）。

これはちょうど、教育研修制度や上司の配置などが緻密に設計されている企業と、そのような仕組みは万全ではないが、その代わり先輩や上司のケアが優れていて、新人社員を育てることができている企業との違いに似ています。

カミーユは「ガンダムという性能差」ではなく、「デキる先輩にして上司のシャア」に助けてもらい、命拾いをしていたのです。

初期のアーガマは切迫感がない環境

カミーユが最初に参加するエゥーゴ（反地球連邦組織）の戦艦アーガマでは、「カミーユを強制的に出撃させる」必要性がまずありません。

アーガマにはブレックス准将、ヘンケン艦長、クワトロ大尉（シャア）やアポリー、ロベルトなど、戦闘指揮を執り、出撃できる者たちが揃っています。ホワイトベースのアムロのように、出撃を強要される環境自体がないのです。

しかも、アーガマのクルーは、ほとんどが年上の大人。シャアはチームをまとめながら、自身でもMSを操って出撃し、敵を撃墜する高い能力を持っています。これは、若手マネージャーでありながら契約もバンバンまとめてくる、凄腕のプレイングマネージャーそのものです。ロベルト、アポリーもシャアの要求や期待にきちんと応える活躍をしており、新人カミーユの職場は、デキる若い上司、実務能力に長ける先輩たちがいる場所となっています。

カミーユとアムロの環境の違い

カミーユにはクワトロやヘンケン艦長など、頼りになる大人がたくさんいる。一方、ホワイトベースにはそうした大人がおらず、アムロは戦わざるを得なかった。

①組織の階層がある程度できていて機能している
②新人、若手が多少のんびりしていても会社は売上を上げることができている
③入社したばかりの若手に「優しい」「物わかりのよい」先輩・上司が多い
④最初は大変な仕事は担当させず、まずは仕事に慣れればよいとされる

このような職場は現代の日本にとても多いと思います。カミーユは「新人・若手をしばらくは特別扱いする」、物わかりのよい先輩や上司が多い企業に入社した、切迫感のない新人社員だったのです。

カミーユの「自分が頑張らなくても大丈夫！」

極めて恵まれた（？）環境からスタートするカミーユですが、前半では「自分が頑張らなくても大丈夫」な職場アーガマで何とも煮え切らない発言と態度を繰り返します。最初から「甘い条件」ばかりでは急成長など望めません。

もちろん、「MSの一流パイロットになりたい」などという夢は、はなから持ち合わせていません。目標意識のないまま、一時の感情的な爆発でアーガマの仲間になったカミーユには、さらに大きな問題があるのでした（次項へ続く）。

Business Point

デキる若手上司や先輩社員に守られ、猛烈上司は不在。のんびりした環境で、難易度の低い仕事から担当させる職場。これで一体、若手は急成長できるのだろうか?

組織の都合にはまったく関心がない新人カミーユ

「会社の都合」なんて「自分に無関係」

クワトロ（シャア）は、アーガマに参加したばかりのカミーユに優れた才能の片鱗を見出しています。しかし、肝心のカミーユはパイロットという役割や戦闘に関心を示さず、組織の都合や目標などは自分に関係ない、どうして自分が巻き込まれなければいけないのか、と反発さえ感じているようです。「一応仕事はしているが、どこか本気ではない」。この時点のカミーユには、こんな言葉がぴったりです。

Zの第5話でクワトロが「次の世代の子供たちのための世づくりを……」と言ったとき、カミーユは「僕にそんな責任があるわけないでしょう！」と強く反発します。

直前に両親を失くしたことが彼にはショックだったのでしょうが、この後もカミーユは戦艦アーガマに乗り込んでいるにもかかわらず、戦局や両陣営の都合、戦争すらも自分には関係がない出来事であるという趣旨の言葉を繰り返します。

初期の段階で、彼には「大義としての動機」もなければ「前線の戦闘に駆り出される強いプレッシャー」もありません。

指揮系統のトップであるブレックス准将はカミーユにパイロットにならないかと提案しますが、一方的に反論されてしまいます（クワトロもカミーユを誘います）。

「実験台ですか？ニュータイプの？」
「軍人ですか、この歳で？」
「少し、考えさせてください」
「興味だけで、一人の少年を戦争に駆り立てるのですか？」

Ζの初期では、カミーユはことあるごとに「僕には関係ないでしょう！」と感情を爆発させる。

「関係ないでしょ、僕には！」
「ダメです、僕はまだ軍人になると決めたわけではありません。もう少しこのままのほうがいいんです。もう少し……」

戦艦アーガマに乗艦して軍組織のエゥーゴと行動していながらも、カミーユは組織側が自分に押しつける期待には激しく反発します。他のクルーにとっては目標を達成するための職場ですが、カミーユには「仕事でもう少しだけ責任のない立場でいたい」という願望が感じられると言ったら、少し言い過ぎでしょうか。

「ボク、この会社辞めます！」と言われかねない危うさ

カミーユはとても中途半端な気持ちのままアーガマに乗艦しているようですが、元々軍属ではないカミーユに対しては、誰も「強制力」を振るうことはできません。カミーユが不貞腐れてしまったら、いつ「アーガマを降りる！」と言い始めないとも限らないからです。

これは、一年戦争の「機動戦士ガンダム」には存在しなかった、大変困った状況です。あの時は、誰もが必死で目の前の現実に立ち向かわねばならず、厳しい環境へと背中を押す多くの強制力が働いていました。

ところが、カミーユには、それがありません。いつだって、「ボク、この会社辞めます！」といきなり言い出しかねないのですから。

「腰かけ」気分の若者を真剣にさせる物語

初期のカミーユは、上司や周囲にとって、扱いにくい困った存在です。その「特別扱いの若者」を、シャアは見事に大きな戦力として成長させます。物語の後半、カミーユは組織の規律を正しく守りながらズバ抜けた成果を上げ、さらに、わがままな後輩の面倒までよく見る新時代のエースとして活躍します。

Zの物語には、「腰かけ」気分で仕事をしていた悩める若者が、優れた若手上司に率いられることで自ら「仕事に本気」になり、即戦力として急速に成長するヒントが随所に散りばめられています。

では、シャアはどうやってカミーユを育て上げたのか、次項からじっくりと分析していきましょう。

Business Point

「勤務している」ことと、「仕事に本気で取り組む」ことはまったく異なる。強い強制力がない状態で、カミーユは組織が押しつける一方的な期待に、当初は激しく反発していた。

U.C.0087
Chapter 2

新生シャアの若手育成法①

カミーユに当事者意識を持たせる技術

組織の目標なんて僕には関係ないです！

先述したように、カミーユはエゥーゴと行動を共にしながらも、組織が掲げる目標に対しては「自分には関係ない」と考えていました。少なくともエゥーゴ側の人々が「世界に対する責任」といった言葉を持ち出すと、「関係ないでしょ、僕には！」と語気を荒げて反発します。それに対してクワトロ（シャア）は「そうかい」と静かに応えるのみです。

一年戦争を終えたあとの赤い彗星は、何事につけ自分の考えを人に押しつけることをしません。これは彼の大きな成長と言えます。しかし、どうやら若いカミーユには、理想、あるいは大義名分を掲げることでの説得は難しいようです。

「自分ではどう感じているか?」という導き方

感情的なカミーユに手を焼くシャアは、ある時から理念の押しつけではなく「自ら気づかせる」手法を用い始めます。カミーユの「自分には、その問題は関係ありません!」という強い反発に、彼が気づいたからでしょう。

そしてシャアは、カミーユ自身は現在の状況をどう感じているか、どう眺めているかを質問し始めます。

「君はどう感じているのだ?」

シャアはこの質問によって、カミーユに「これは自分の問題でもある」という当事者意識を持たせる試みを始めていくのです。

「自分の意見」を話させる機会をつくる

物語の当初、カミーユは感情的にムラが多く、気難しい少年として描かれます。

歴戦のMSパイロットでありジオン公国軍の英雄でもあった赤い彗星と、ハイスクールから抜け出したばかりの少年では、ものの考え方、世界への理解度、戦闘に対する意識や思考など、あらゆる面で〝まったくレベルが違う〟のです。

理想や大義、世界の現状など、年長のシャアが悟ったレベルで若いカミーユに伝えても、若者が簡単に受け入れるはずがありません。

あらゆる社会、組織においても、「長年参加している世代」が考えていることと、「新しく参加する若い世代」の考え方には、それなりの乖離があるのがむしろ普通です。

特にそれが「上司と部下」のように立場と世代が異なる場合、同じ物事を同じ場所で見ていても、まったく違うことを考え、感じているケースが多くあります。上司は自分の視点や思考、求める仕事の役割を部下に押しつけ、若い部下は不満を抱えながら本音を口にせず、ますます上司と距離を置くことになります。

そこでシャアは、まずカミーユの視点を「正しく知る必要」があったのです。

仕事のあとで「君はどう感じたか？」を確認

シャアがカミーユを理解するために最初に行ったことは、「カミーユ自身はどう感じていたか？」を、彼自身の言葉で語らせることでした。

たとえば、カミーユが父親と母親を戦闘で失った（敵軍に殺された）のち、あるいは優れた敵パイロット、ライラ大尉を倒したあとなどです。

シャアとレコア（シャアの同僚女性）は物語の初期で何か起こるたび、カミーユを囲んで「彼の想い、今回の事件でカミーユが感じたこと」を聞く（カミーユが話す）機会をつくっています。

こうしてシャアはカミーユという少年の思考や心の中にある重要な背景を、効果的に理解していくのです。

この手法は、実社会で若手を理解する方法としても十分に活用できます。

ひとつの作業、仕事、打合せが完了したあと、部下となった新人と時間を取り、「どのように感じたか？」「どのように考えているか？」をさりげなく

レコアはふさぎ込むカミーユを気使う。新人に声をかけることで組織に関心を持たせたのである。

質問してみるのです。その人物のホンネや資質が見えてくる可能性があります。

「今日の社内会議で何か感じたことはある？」

「さっきのお客さんとの商談、どう思った？」

こうしたごく簡単な質問でよいのです。あなたと部下の共通体験について感想を聞くことで、相手の視点を理解するきっかけがつかめるはずです。

「部下の想いを正しく理解する」には静かに聞く

この時、最も重要なのは、まず静かに聞くことです。新人が語った感想や視点に対し、すぐさま矯正や否定をすることは、この段階では慎みましょう。新人はあなたのことを「本音で話せる気さくなリーダー」だと理解してくれるはずですし、不慣れなチームにも急速に親近感を覚えてくれるはずです。

その反対に、「君自身はどう思うか？」と聞かれて話すたびにお説教を受けるなら、新人は本音を話すことをやめてしまいます。上司が最初から「新人が間違っている」という態度で接しては、新人が心を開くことは永遠にないでしょう。不貞腐れた新人が口もきかず、言われた通りに動くけれど、「あとは僕は知りません」という投げやりな態度になってしまう恐れも十分にあります。

少なくともシャアは「相手を知るための質問」をする時と、相手を叱るケースとでは、明らかに自らの態度を区別しています。

「部下と組織が互いに魅力を感じる」場を創る

新人を本気で仕事に取り組ませるためには、組織（チーム）と新人がお互いに引力を感じるような関係になるのが理想です。チームが新人を必要とし、新人もチームを必要とするような良好な関係です。

部下の思考や視点、行動のスタイルを理解することで、あなたはその部下をどう扱えば彼が能力を発揮できるのかがわかります。この理解があると、部下も心地よく働けてチーム全体へ貢献でき、お互い

ハロの修理にかまけてミーティングに遅れ、自分勝手な言い訳をしたカミーユは、ウォン・リーから叱責を受ける。

にメリットのあるゴールにつながるのです。

Zの第9話で、カミーユは思わずこう呟きます。「クワトロ大尉って、こうなるってわかってたのかな。嫌いだな、ずっと試されているみたいだ」。

シャア（クワトロ）は組織の期待を最初に押しつけるよりも、少年の思考と視点を把握することを優先したのです。カミーユは、自分を理解してくれるシャアに引き込まれる形で組織に定着し、やがて最強のMSパイロットへと覚醒していきます。

Business Point

シャアはカミーユを冷静に観察し、彼の本質を理解したうえで、接し方を改善した。部下の思考・視点を理解することは、「部下の実力を100％発揮させる」ためのヒントになりうる。

U.C.0087
Chapter 2

新生シャアの若手育成法②

やる気を引き出す方法とシャアの叱り方

僕がパイロットになって何になるんです？

「私、自分の仕事に意味があるのかどうか、知りたいの。誰かの役に立っているのかを」オーストラリアの保険会社の研修で、若い女性社員が言った。「自分が機械の歯車だというのは知っている。けれど、その機械がどんなふうに動いているのかも、私のしていることに意味があるのかも、わからない」

（『なぜ、賢い人が集まると愚かな組織ができるのか』カール・アルブレヒト著　ダイヤモンド社）

カール・アルブレヒトは、大企業で働く多くの人は「機械の歯車」にすぎないという自己認識を持ち、大きな流れの中で小さな歯車である自分が本当に役に立っているのか、「組織の歯車としての意義」を知りたがっている、と指摘しています。

パイロットになることをすすめられた時、カミーユは次のように反論します。

「だからって、僕がパイロットになって何になるんです？」

カミーユの言葉は、保険会社の研修で若い女性が発した言葉に似ています。

「全体像がわからないので、自分の貢献が見えません」

「組織は大きい。小さな歯車のひとつである自分が頑張っても無意味なのでは」

カミーユも若い女性も「仕事の意義が感じられず」、なおかつ「自分の貢献も見えない」と主張しているのです。しょせんはただの小さな歯車なのだから、努力をすることに何の意味があるのか、というわけです。カミーユは「小さな存在の自分がパイロットになっても何の貢献もできない」と感じているのです。

努力や成果には必ずフィードバックを

前述のカール・アルブレヒトは著名なサービス・マネジメントのコンサルタントですが、「自分は小さな歯車に過ぎない」という考えを打破するには、従業員に会社の情報を提供し、巻き込み、活動や努力の成果を彼らも理解できるようにすることなどが効果的な対策だと結論づけています。物語ではカミーユがMSで出撃して戦果を挙げることに対し、多くのクルーが「凄いね」「大活躍だ」と反応します。こうした周囲の反応で、カミーユは「小さな歯車に過ぎない」と思い込んでいた自分に自信を持っていくのです。

それと並行して、組織全体で取り組む問題の重要性と、全体像を説明する機会を設けるのです。物語の中では、カミーユはクワトロ（シャア）とエマに連れられてティターンズの毒ガス攻撃で住民が全滅した宇宙コロニーを視察します。その途中、シャアは「宇宙市民と地球人」の対立について話して聞かせます。組織が取り組む問題点、全体構造を理解して、ようやくカミーユの意識にも変化が生まれるのです。

いくつかの段階を経て、カミーユは目前の現実に対して自分ができることの「意義」を理解し、ようやく自らの意思で歩き始めるのです。

「でないと、今度は君が死ぬ番だ」の意味

クワトロ「一機のモビルスーツの動きに、あれほど巻き込まれるとは若すぎるな」
クワトロ「でないと、今度は君が死ぬ番だ」
カミーユ（小声で）「誰が、死ぬもんか！」

これはクワトロがカミーユのミスを指摘した場面ですが、注目すべきは、「そんなことをしてはダメだ！」と一方的に叱っていないことです。言っている内容は「○○するな」という指摘なのですが、言葉の響きは、あくまで味方のアドバイスとして聞こえます。

「それでは君が失敗するな」
「それでは君が受注できないな」
「それでは君がお客さんを説得できないな」

ビジネス戦士たちの［名セリフ集］

**「こんな所で個人の理屈を振り回すな！
激務の中でプライベートを充実させる方法もあるはずだ！ それを探せ！ 行くぞ！」**

【「機動戦士Zガンダム」第36話より】

クワトロ・バジーナ：

「こんなところで子供の理由を振り回すな！ 戦いの中で人を救う方法もあるはずだ！ それを探せ！ 行くぞ！」

「〇〇でないと、君がプロジェクトで失敗することになる」
「それでは君自身が後悔するぞ」

いずれも非常にシンプルな〝問いかけ・語りかけ〟です。
「これをしてはダメだ！」というストレートな叱り方は、相手に「自分そのものが否定されている」と勘違いさせる危険もあります。それに比べ、右のような言い方は遥かに聞き入れやすく、しかも当事者意識を強めて気づかせる言葉になっています。

殴られたくなければ自分のミスをなくせ！

月面都市でカミーユが出資者のウォン・リーから厳しく叱られたあと、クワトロは「殴られたくなければ自分のミスをなくせ！」と言います。これは「殴られるのは君の行動が原因だ」という指摘です。人を叱ることは大変に難しいのですが、最も避けるべきは相手の行動を直接的に改善できない叱り方でしょう。感情的な爆発や、相手の人格否定がこれに相当します。クワトロの叱り方は「行動に限定」されていて相手の人格を否定していませんし、具体的にどうすれば「叱られなくなるのか」明確です。「成功したければ君の行動を変えろ！」と言っているのと同じことなのです。叱る時に重要なのは、叱られる原因を正しく説明して相手の行動を効果的に改善することなのです。

同時に、私たちはウォン・リーの叱責も忘れないでおきたいものです。彼は増長があるから油断し、小さな遅れやミスを何とも思わないのだ、とカミーユを殴りました。仕事に増長がないか、油断していることで小さな遅刻やミスを生んでいないか、私たちも定期的にウォン・リーの指摘を思い出すべきでしょう。

Business Point

成果へのフィードバックをあなたが積極的に行うことで、部下は自信を持てる。「叱る」のは相手の行動を改善するのが目的。シャアは叱られる理由を「行動に限定」して理解させている。

Chapter2をもっと理解するためのBOOKS

新人の気持ちを開かせるには、どうすればいいのか。
心をとらえる接し方を研究する

Books 1

先着順採用、会議自由参加で「世界一の小企業」をつくった

松浦元男 著　講談社α文庫　800円（税込）

「先着順に採用」という驚きの手法でも、入社後の教育によって極めて優秀な社員に育てている企業「樹研工業」。同社は100万分の1gの歯車製造など、極小精密部品では国内トップのメーカーとして知られる。その人材育成のノウハウは、上司の接し方でどれほど人が飛躍的に伸びるかを教えてくれる。

Books 2

パーソナル・プラットフォーム戦略

平野敦士カール 著　ディスカバー・トゥエンティワン　1,050円（税込）

「プラットフォーム型ビジネス」とは「場」を創り、人や情報をそこに集めることで力を発揮する仕組み。シャアはエゥーゴという組織を創り出し、「場」を適切に管理することで部下に戦果を挙げさせた。ネット時代に必須となる“影響力の仕組み”を創る戦略を学びたい方もぜひ一読を。

Books 3

リーダーになる人のたった1つの習慣

福島正伸 著　中経出版　1,365円（税込）

「人はあらかじめ、どこで諦めるか決めている」「最も大きな壁とは、自分の感情という壁である」等、部下との距離が近い上司が抱える課題を、シンプルなストーリーで理解させてくれる。人は理屈や表面ではなく、自分の感情を中心に動くからこそ実践的な知恵が必要なのである。

Chapter 3

カミーユがシャアに求めた理想のリーダー像とは？

カミーユはクワトロ（シャア）を心から尊敬し、
役に立ちたいと願うようになる。
部下から信頼され、尊敬される上司に
必要な条件とは何だろうか。

U.C.0087
Chapter 3

「迷い」「矛盾」「悩み」をプラスの方向へ導いてくれる人

リーダーに求められる資質とは

カミーユから見てシャア（クワトロ・バジーナ）は、どんな状況にも常に冷静に対処できる、頼りになる上司として映っていました。目の前の戦闘と今後に対応するシャアの「ブレがない」指揮判断は、若手カミーユが頼る能力なのです。

書籍『前に進む力』（ダグラス・パーヴァイアンス著　ディスカバー・トゥエンティワン刊）は、ニューヨークを拠点に活躍するグラミー賞常連のジャズ・オーケストラの名リーダーが語った言葉をまとめたものですが、リーダーに求められる資質について鋭い指摘がいくつも込められています（ダグラスは45年間、リーダーを務めている人物）。

「リーダーはブレずに組織の使命に向かって、メンバーを導いていく役割の人」
「良いリーダーとは組織の目的に基づいて、ブレずに判断を続けられる人だ」

逆に言えば、リーダーである上司が明快な判断で方向を示さなければ、メンバーは新しい局面に遭遇するたびに戸惑いばかりが増えてしまうことになります。

悩みや迷いをプラスの方向へ導いてくれる存在

新しい物語では、シャアは部下のカミーユが直面する悩みや苦しみに理解を示し、時にそれを受け止めながら若者をプラスの方向に導くアドバイスをしています。カミーユが立ち止まらずに行動を続けられたのは、上司シャアの導きの結果だと言ってもよいくらいです。このようなシャアの姿は、一年戦争時の傍若無人な「戦闘のエリート」という姿とはほとんど重なることがありません。むしろ驚きでさえあります。しかし、これはシャア自身が一年戦争中にいろいろと悩み、ザビ家打倒を叶えたのちも悩みながら道を模索し続けた結果なのでしょう。

若者のエネルギーに方向性を与えるシャア

地上に降りたあと、ある理由でシャアがカミーユに殴られるシーンがあります。殴られたシャアは「これが若さか！」と呟きます。確かに、シャアより年若いカミーユのほうが年齢的にも多量のエネルギーを持っているはずです。しかし問題は、若者はそのエネルギーをどうすれば正しい形で発揮できるのか、進むべき方向がわかっていないことです。

物語の初期では、カミーユはそのエネルギーと才能をたびたび不適切な形で爆発させます。正しい方向が分からず、行き場を失ったエネルギーは虚しく暴発する以外にないということなのでしょう。

「こんなことしちゃって、オレ、どうするんだ……」

Zの第1話の最後、衝動的な行動がとんでもない事態に発展してしまい、この先どうすればよいかわからなくなったカミーユはこう呟きます。そこまで劇的ではなくても、ビジネスや人生において若者が進むべき道を見つけられず、将来への確信も持てずにあふれるエネルギーを持て余すことは、よくあるものです。

どれほど成長が早く才能に恵まれていても、あなたより経験が遥かに少ない若者や部下は、「どこに向かうべきか」を何度も悩むはずです。彼らの悩みを受け止めてそのエネルギーに的確な方向性を与えることは、シャアが若いカミーユに与えた影響の中でも最も重要な点だったかもしれません。

カミーユのエネルギーをシャアが正しい方向に向けたからこそ、彼はエゥーゴの勝利に絶大な貢献をする、極めて優れたエースパイロットに成長できたのです。

Business Point

上司は部下を管理して、指示通りに動かせばよいのではない。彼らが自身のモチベーションによって、自らの熱意で正しい方向へ進んで行けるように「方向性」を与えるべきである。

自分に関心を寄せてくれたクワトロに敬意を抱くカミーユ

「私も君に興味があるな」クワトロの言葉の意味

才能の片鱗を見せ始めたカミーユに、エゥーゴのトップであるブレックス准将は「パイロットにならないか？」と誘います。クワトロも「ブレックス准将と同じように、私も君には興味があるな」と反応します。こう言われてカミーユは、「アーガマは、僕を中尉待遇で扱ってくれますか？」と聞き返しました。

これは推測ですが、もしパイロットになるのであれば、他の人物の部下ではなく、クワトロ、つまりシャアの部下になりたいとカミーユは考えたのでしょう（クワトロの階級は大尉）。

組織に新しく入ったばかりのカミーユに対し、シャアは立場が上でありながらも関心を示して若者の気持ちを引き出すことに成功しています。カミーユは、積極的に自分に関心を持ってくれたシャアだからこそ、急速に彼に敬意を抱いていくのです。

一般に、組織に長く在籍している上司は新人や若手に対し、「相手が職場に慣れるのが当たり前、なじめないのは新人が悪い」という意識を抱きがちです。しかし、それでは新人・若手は疎外感を抱くことになります。

他人の意見を聞かずに自己主張ばかりが目立つ初期のカミーユは、自分に関心を抱いてくれたシャアを起点として組織に溶け込むのです。

自分を尊重してくれたクワトロ大尉への敬意

ここでひとつ重要な点として、シャアはエゥーゴ内ではクワトロ「大尉」であり、凄腕のMSパイロットとして、組織（チーム）から一目置かれる存在だった

カミーユはクワトロに関心を示されることにより、急速にエゥーゴの仲間に溶け込み始める。

ことが挙げられます。カミーユはそのような「優れた人物」から関心を示されたことで、誇らしい気持ちを抱いたのです。

シャアの部下として活躍していくカミーユは、その優れた決断力、冷静沈着さ、仕事を淡々とこなす実力などに深い敬意を払う様子が描かれています。

カミーユが赤い彗星に敬意を抱いた理由には、次の2つがあると思われます。

①扱いにくいはずの自分にきちんと関心を持ってくれたことに感謝している

②優れた能力を持ち、活躍をしている上司が、必要な場所で「我慢」「辛抱」をし、「組織の目標達成のために自分を抑える」姿を目の当たりにして心を打たれたこと

この2点は、エゥーゴという組織と自分との関係について、カミーユの意識を大きく変えるきっかけになったのではないでしょうか。初期には自己の感情のまま暴走を繰り返すカミーユですが、中盤以降はシャアの戦場での命令に「はい！」と素直に応えて迅速に行動する、大変優秀な部下に変貌を遂げます。

上司から若手への関心を示して心を捉える

「相手の関心を引こうとするより、相手に純粋な関心を寄せるほうが遥かに効果がある」

これは世界的な名著であるD・カーネギーの『人を動かす』(創元社刊)に書かれている言葉ですが、実際のビジネスシーンでは多くの人がこの大切な原則を忘れてしまうことがあるようです。

皆さんの職場でも、「部下、若手、新人に対して、上司が先に関心を持つ」ことは、コミュニケーション改善に何より大きな効果を発揮するのではないでしょうか。

特に現代の若者は、「横のコミュニケーション

カミーユは上司のクワトロの近くにあり、その行動や考え方を学ぶ。優れた存在と共鳴することで、若者は自分の可能性と未来を信じていくのである。

は比較的得意」ですが、「縦のコミュニケーションは苦手」といった傾向があると言われます。一昔前なら、組織や上司に慣れること自体が仕事のひとつと言えたのでしょうが、現代では、若手部下が戦力となるまでの時間を短縮するためにも、上司がまず部下に関心を示し、積極的に声をかけていくことが必要なのです。

Business Point

部下、若手、新人に対しては、「上司であるあなたから」先に相手に関心を持つこと。積極的にかかわることで、相手はあなたを信頼し心を開くようになる。

U.C.0087
Chapter 3

カミーユから見て自分を「成長させてくれる人」

自分を上手く使ってくれる上司

若いメンバーであるカミーユ・ビダンから見て、シャア、すなわちクワトロは多くの経験を積んだ歴戦の人物と感じられたはずです。カミーユがパイロットとなる際に「中尉待遇」であることを重視したのはすでにご説明しましたが、クワトロと共に出撃すること、彼と行動を共にすることは、自分の大きな学びになると確信していたのではないでしょうか。カミーユにとってクワトロは「自分を上手く使って活躍させてくれる人」という予感があったのかもしれません。

戦歴の長いクワトロは若いパイロットに無理はさせず、少しずつ経験を積ませる形で指示を与えていきます。しかし、不慣れなカミーユは当然ミスをすることもあり、そのたびにクワトロはさりげなく（しかし確実に）フォローもしています。非常に深い懐を持ち、ぎりぎりの場面ではきちんと手を差し伸べてくれる。このような上司であれば、部下は思い切り仕事で活躍することができるはずです。

自分に期待してくれている人

クワトロはカミーユの現場の上司にあたります。緊張感をカミーユに維持させるためにも、手放しでベタ褒めするようなことは意識的に避けているように見えます。しかし、カミーユの活躍に対しては、常に明確に評価、感謝の言葉を発しています。

「君こそよくやってくれた」と、クワトロはカミーユが成果を上げたときは、必ず褒めてねぎらうことを忘れません。当たり前と言えば当たり前ですが、これはとても大切なことです。

たった一言でもよいのです。部下が努力して出した結果を褒めることや、上司が感謝を口にすることは、部下にすれば「いつも自分をきちんと見てくれている」という意識と安心感を持つことにもつながります。

カミーユが誇りを感じる上司クワトロ

カミーユはクワトロの背中を見ながら出撃を重ね、次第に頭角を現すようになります。自らの理想を抱えながら着実に目の前の作戦をこなしていくクワトロに、直属の部下として深い敬意を覚えていくのです。


「大尉には資格があります」

「あなたもそう思ってくれて、協力してくれれば」

「あなたはまだやることがあるでしょう!」

「僕もあなたを信じますから!」

カミーユの乗るZガンダムと、クワトロの百式。現場で戦うシャアは、カミーユにとってはまさに頼りがいのあるプレイングマネージャーだ。

これらはいずれもカミーユがクワトロに対して言った言葉です。かつては自分本位だった少年は、その姿を間近に見ることで上司クワトロを自らの誇りとしていくのです。

ここからわかることは、上司が部下を見ているように、部下も上司を常日頃からしっかりと見ているということです。

あなたという人物が上司であることを部下が誇りに思えるような存在感を、ぜひ発揮したいものです。それは部下に媚びることではなく、常に前を向く姿勢をあなたが示し続けることで達成されると思われます。

Business Point

上司が部下を見ているように、部下も上司を冷静に見ている。部下があなたを誇りとするような、そんな姿勢と実績を見せたいものである。

U.C.0087
Chapter 3

豊富な実戦経験があり判断を信じられるリーダー

カミーユが勝利を信じられる人物、赤い彗星のシャア

人が「この人についていきたい」と思う理由は、2つに分けられるのではないでしょうか。ひとつはその人物についていけば「自分が勝てる」と感じられる場合。もうひとつは、ついていく人自体が「成功する」と確信できる場合です。さらに「その人を強く尊敬できる場合」があると思われますが、上司に能力がなければ部下はやがて離れていくはずです。カミーユから見たシャア、クワトロという上司は、この3つの要素を兼ね備えた人物だったのでしょう。その戦闘を見てクワトロが勝つことを予見し、凄い人物と行動を共にすることで自分自身も成長していけると思い、彼の理念に共感し尊敬の念を抱いたのです。

クワトロ自身は単に自分の信念で戦って戦果を挙げているのです。しかも周囲から一目置かれる存在であり、そのクワトロからカミーユは関心を持たれているという構図です。

読者の皆さんも若い頃（失礼！）、職場やビジネスフィールドで、赤い彗星の要素を持つ先輩、上司に出会った経験があるかもしれません。カミーユは赤い彗星のシャアと出会い、彼の勝利を信じました。恐らく皆さんも、当時、出会った優れた先輩、上司の勝利を信じ、その出会いで急成長したのではないでしょうか。

自分を段階的に成長させてくれる人

「こういう戦い方にも慣れておけ」。カミーユが正式に軍属となった直後の作戦でクワトロはこう言いました。彼はカミーユの経験の範囲、幅を少しずつ広げていき、さまざまな戦闘を段階的に経験させていくことになります。

同一の安定した環境で同じ仕事ばかりでは、当然、応用力も新しい経験も身につきはしません。ビジネスシーンでも、部下にわざと変化球（普段と違う仕事）を投げてみて、それを打つ訓練をさせることも重要な教育と思われます。

元々、あまり本気でエゥーゴという組織に参加する意思のなかったカミーユですが、出会う人達とのかかわりの中で、いつしか当事者意識を持って戦線に参加し、やがて自らの才能を十二分に発揮していきます（火をつけたのはクワトロですが……）。特に地上に降りて以降はクワトロから離れ、アムロと行動を共にする時期もあり、自分が主体となって行う作戦も増えていきます。このあたりは、まるでビジネスキャリアの養成と同じ流れと言ってよいでしょう。カミーユは自らの役割に全力で取り組みますが、時に経験不足から悩みを抱えてしまい、新たな壁に突き当たるようになります。

そんな時、共に問題解決に取り組んでくれる上司がクワトロなのです。

カミーユはクワトロが本気で戦えばきっと何かを変えられると信じており、自らが戦いを続けるうえでの心の拠り所にしている様子さえうかがえます。それは赤い彗星自身が「戦う姿勢を維持している」プレイングマネージャーだったからではないでしょうか。

シャア、抑制の利いたリーダーシップが指し示すもの

新しい物語でシャア（クワトロ）は、軍略家としての優れた能力も発揮し、ルナ2や地

球上での作戦では、非常に難しい目標も達成しています。しかし同時に「できないこと」に対する判断は極めて冷静であり、あっさりと諦めているシーンが散見されます。

ミサイルによる大規模攻撃の阻止や、カミーユが敵側の強化人間の女性フォウ・ムラサメを解放してやろうと懸命に努力する時も、シャアは無駄なことはやめさせようと、何度も説得を試みます。カミーユはシャアの説得を聞き入れず、必死に手を尽くすのですが、その努力は彼女の死によって終わりを迎えます。

前述の書籍『前に進む力』では、45年間ヴァンガード・ジャズ・オーケストラを率いたリーダーのダグラスは、冒頭にこんな言葉を書き記しています。

「人生の最中に与えられる〝チャレンジ〟のうち、どれが「自分の力でなんとかできる」もので、どれが「自分の力ではどうしようもない」ものなのか、大切なのは、その〝違いを見抜ける〟ようになることだ。

私は若いころにこの言葉を知り、この考え方に、つねに助けられてきました。違いを見抜けるようになることで、大きな出来事にも覚悟を決めて対峙できるようになり、〝逃げる〟以外の選択肢を自分の人生に持つことができるからです」

「機動戦士Zガンダム」という物語での赤い彗星は極めて抑制がきいたリーダーとして的確な判断をし、無謀な行動は避けています。それと同時に勝算がある作戦には冷静にかつ全力で臨み、その多くを見事に成功させているのです。このメリハリの効いた判断力こそ、部下であるカミーユがシャアに全幅の信頼を置いた理由だったのでしょう。

Business Point

戦場の経験が豊富なシャアは、カミーユがその指揮判断を全面的に信頼できる上司だった。経験豊富なリーダーとは、無理をしないように見えて、実は可能な限りの最大限の成果を獲得している人物である。

多感で自己主張の強いパイロット
カミーユはハルトマンがモデルか

人類史上、最強の撃墜王

Zの主人公カミーユ・ビダンは、宇宙世紀最強のニュータイプ能力を持つ少年です。モデルとしては、第2次世界大戦のドイツ空軍のエース、エーリッヒ・ハルトマンをイメージさせます。総出撃回数１４００回以上、撃墜数３５２機を記録し、空中戦の撃墜機数で歴史上最多の人物です。

カミーユは学生時代に小型飛行機やジュニア・モビルスーツの大会に熱中したとされていますが、ハルトマンも14歳で飛行機操縦士免許を取得しており、少年時代は共に多感で自己主張のとても強い性格だったことも似ています。

ハルトマンは18歳で空軍に志願。初陣ではベテランパイロット、ロスマン曹長の僚機として出撃しながら、空戦中にロスマン機を敵機と誤認して逃げ回る失態を演じます。しかし、その後ハルトマンは多くのベテランパイロットから戦法を学び、前人未到の撃墜数を達成するのです。

経験を重ねて成長する若きパイロット

ハルトマンが空軍に配属されて1か月後、撃墜した敵機の破片が機体に当たり負傷して入院。自らの戦闘を振り返る静かな時間を得ます。部隊復帰後は、冷静な精神コントロール、操縦技術、戦況の確認方法など、空の戦闘で生き残るために必要な要素を身につけていきます。ハルトマンは上官機の優れたところを巧みに学習する、静かな熱血を持つ逞しい若者として成長していくのです。

当初はベテランリーダー機の僚機となり、後期には自ら編隊を指揮して戦ったことも物語のカミーユに似ています。ちなみにハルトマンは部隊管理能力にも優れ、自ら指揮した編隊では味方の戦死者がゼロという成果を残し、「僚機を失った者は戦術的に負けている」との信念を持っていました。

自由を奪われた終戦時の悲劇

ハルトマンはその初期から極めて合理的な戦闘法を追求し、効果的な攻撃法を確立していきます。しかし、終戦時にソ連占領地にいたため、戦後10年間もソ連領内に抑留されてしまいます。過酷な強制労働や、さまざまな拷問でドイツ軍の情報聴取を強要されますが、不屈の精神力によってそれらを寄せつけず、10年後の1955年に生還を果たします。

ハルトマンは空戦技術だけではなく、真に英雄的精神を持った人物だったのです。

Chapter3をもっと理解するためのBOOKS

新人の頃、自分が何につまづき、悩んでいたのかを思い出してみよう

Books 1

月曜日の朝からやる気になる働き方

大久保寛司 著　かんき出版　1,470円（税込）

伊那食品工業、川越胃腸病院、沖縄教育出版、美容院のバグジーなど、社員を大切にする職場づくりをしている企業の事例紹介。各社の職場環境の長所や特徴を知りたい方におすすめ。社員を大切にする待遇のよさは、ビジネスモデルと心が通う人間関係の両輪に支えられていることが理解できる。

Books 2

放浪ニートが、340億円社長になった!

中村繁夫 著　ダイヤモンド社　1,500円（税込）

レアメタル・ハンターとして世界中で宝の山を探す著者は、元「放浪ニート」。放浪時代の経験から得た思想、肌感覚、哲学などを元に挑戦して勝ち、売上340億円、経常利益9億円の商社を創り上げる。著者の人生を変えた特別な体験、スケールの大きな活躍を描き、読み手に挑戦への勇気を与えてくれる。

Books 3

できる上司は「教え方」がうまい

松尾昭仁 著　日本実業出版社　1,000円（税込）

「結局、自分でやったほうが早い」は上司失格！と帯にあり、一年戦争終結後に悩んだシャアも読んだのではないかと思わせる、「教えること」の必要性と重要性を指摘する書。自分が出撃することですべてを解決するより、若きカミーユを育てて共闘できるほうが、確実に仕事力は倍加すると納得できる。

Chapter 4

一年戦争の英雄
アムロが
カミーユの中に見たもの

軟禁され、戦意を失っていたアムロだが、
若いカミーユに出会って、
かつての自分を思い出す。
アムロがカミーユの中に見出したものとは……。

U.C.0087
Chapter 4

若き日の成功ゆえに失速したアムロ・レイ

鳥かごから出ることに怯えるアムロ

アムロ・レイは一年戦争で地球連邦軍を勝利に導いた最新型MSガンダムのパイロットでした。ところが、あまりに優れた戦士であったために一年戦争後は地球連邦軍に監視され、軟禁生活を強いられることになります。

そこから7年の時が流れ、時代は新しい変化を迎えます。クワトロ・バジーナ（シャア）やカミーユが活躍し、古き権威の象徴・地球連邦軍（と尖鋭組織ティターンズ）は揺らぎ始めますが、かつての英雄アムロは依然として軟禁生活から抜け出せず、失意の中に閉じこもっていました。

アムロはカツという少年に再会し、自ら動かない理由を言い訳します。

「僕は一年戦争で十分に戦ったよ、カツ君」

「こういう生活を強制されたら、少しは骨抜きの人間になったって仕方ないだろ！」

手に入れた安定が、人を弱く臆病にすると言います。7年前の英雄アムロはまるで「鳥かご」から出ることを怯える鳥のようになっていたのです。

かつて憧れた英雄の「老成した姿」に苛立つカツ

カツは思わず怒りを爆発させます。

「でも、あなたはまだ若いんですよ？」

「僕らにとって、いいえ、母にとってアムロさんはヒーローだったんです！」

カツは一年戦争でのアムロの活躍を覚えていますから、アムロが安定という怠惰な眠りの中で、行動力と挑戦する心を失ったことに失望します（ちなみに、「母」というのはアムロの幼なじみフラウ・ボウのことです。フラウはハヤト・コバヤシと結婚し、カツ、レツ、キッカの３人を引き取ったのでした）。

一方のアムロは、監視されている意識から自らを解き放つことができません。7年もの長期にわたって与えられてきた安定の檻に慣れ、変化に気づきながらも新たな戦いに怯えるかつての英雄。アムロは自分への自信を失っていたのです。

「若者たちも戦っている」といぶかるシャア

新たな時代を感じ、自分の信念のもとに新しい戦闘に足を踏み入れていたシャアは、かつて自分の前に立ちはだかった最強のライバル、アムロが戦いに怯える姿を見て、戸惑いを覚えます。

「どうしたのだ、アムロ君。こうして若者たちも戦っている。あの時の血の騒ぎはなくなったのか？」と。

戦闘で対峙した経験があるシャアには、当然、アムロの実力がわかっています。しかし、いまも

7年間も地上で軟禁されていたアムロは、宇宙を怖れるようになっていた。身を置く環境がいかに重要かがわかる。

最前線に身を置いているシャアには、戦場から遠ざかっていたアムロの不安がわからなかったのです。

あなたの職場にも「かつてのアムロ」がいるのでは？

安定を享受し、新しい戦場から遠ざかっていれば、人は次第に「新しい挑戦」を怖れるようになります。

30〜40代の方で会社で役職を得ている人の多くは、20代後半あたりにビジネスシーンで何らかの成功体験をしているのではないでしょうか？　部署として新しいプロジェクトを立ち上げる、営業でトップクラスの成績を記録する、新しいアイデアを仕事に反映させるなど。このような結果で評価されているからこそ、現在のポジションを得ることができているのでしょう。

ところが仕事に慣れ、役職もつき、周囲の高い評価も得てしまうと、必然的に生まれる「落とし穴」があります。それは「(評価を得たいまさら)失敗したくない！」という心理です。

一年戦争時の若いアムロはガンダムに搭乗して出撃することに必死で、自分が苦戦することや無様な格好を見せることなど、まったく気にしませんでした。だからこそ急成長できたのです。ところが、名を成したアムロは変わってしまったのです。

あなたの会社にも、「かつてのアムロ・レイ」がいるのではないでしょうか。若い頃はがむしゃらに戦い、成功して輝いていたのに、いまでは周囲の評価ばかり気にして、すっかり情けない臆病者になってしまった「一年戦争の古き英雄」が。

ベルトーチカの「目を覚ませばいいのよ」

新しい挑戦に怯え、戦いを避けるアムロ。情けないかつての英雄に、物語は金髪のチャーミングな女性との出会いを演出します。アムロの恋人になるベルトーチカ・イルマはアムロに言います。

「目を覚ませばいいのよ。そうすれば昔と同じに

アムロと恋人のベルトーチカ。彼女はジャーナリストで、カラバの活動に参加する。アムロ復活の契機となった女性。

なるわ。」

「あなたは前にカミーユと同じことをやっているのでしょ？」

ベルトーチカは実戦を前に怯えるアムロに驚きますが、最前線で戦い続けていたシャアやカミーユと共に、彼女はアムロを変えるひとつの契機になっていきます。

Business Point

挑戦から遠ざかるほど変化に怯え、逃げるようになる。新たな戦いに身を置くシャアには、アムロが「鳥かごの外に出ることを怯える鳥」に見え、戸惑いを感じた。

U.C.0087
Chapter 4

かつて自分が成功した枠組みに囚われ続けるアムロ

自分を成功に導いてくれた地球連邦軍

少年カツに厳しい言葉を投げかけられ、新たな恋人と出会うことで眠りから目覚めて新時代の覚醒へとゆっくり歩み始めるアムロ・レイ。

ここでひとつ重要な疑問があります。

アムロが地球連邦軍の監視から抜け出すことができなかった理由は、単に「長すぎた安定のために変化を恐れた」だけだったのか、ということです。

アムロにとって地球連邦軍は、かつてはその流れに乗っていくことでエースパイロットになれたという、大きな成功を収めることができた場所です。以前は「彼に成功を与えてくれた環境」だったのです。

アムロはこの〝地球連邦軍という環境〟が与えてくれた過去の成功が忘れられず、無意識に「待ちぼうけ」をしている状態だったのではないでしょうか。

ビジネス宇宙世紀における「ガンダム搭乗」の4条件

前著『ガンダムが教えてくれたこと』では、「SIDE1」でガンダムに搭乗できる人間の「4つの条件」を定義しました。素人の少年アムロが一年戦争のスーパーエースに成長する構造を、ここで確認のためにおさらいしましょう。

①巨大なギャップがあるハイレベルな環境を見つけること

②ガンダムに飛び乗る勇気を持つこと

偶然に搭乗したガンダムに振り落とされず、そこに踏みとどまること。それが成長の条件である。

③ガンダムに居続ける「強い意志」を持つこと
④素直かつ謙虚に学び続けること

ガンダムとは、その時点のあなたの実力とはかけ離れたギャップのあるレベル、ハイレベルな環境のことであり、その環境に飛び込んで努力を続けることが、エースへ急成長する条件なのです（詳しい内容は前著をご覧ください）。

ところが、いったん飛び込み、環境を最大限に使いこなし、あなた自身がエースとなったあとは一体どうなるのでしょうか？　軟禁されたアムロ・レイにとって、地球連邦軍は引き続き彼を「エースパイロットに成長させてくれる」優れた環境だったのでしょうか。

もはやあなたをエースにしない環境

結論から言えば、答えは「否」でした。連邦軍はアムロに「その状態のまま」でいることを強制しているのですから。

あなたは自分自身と環境との間にある〝巨大なギャップ〟を消費しながらエースへの階

段を駆け上がりました。その結果、環境のギャップは縮小し、代わりにあなた自身が成功を手に入れたのです。こうして、ある環境があなたを成功に導いてくれたのち、今度は、その環境が「あなたを固定化」しようとすることがあります。〝成功〟は「あなたが同じことを継続する」ことを望むからです。

つまり、あなたを成長させてくれた環境が、今度はあなたの足枷になるのです。アムロはこの罠に気づかず、7年間も抜け出すことができなかったのではないでしょうか。

死闘を繰り返すことで、アムロは一流のMSパイロットになった。優れた環境と体験が急成長へとつながったのである。

自分が置かれている環境を打破すべし

アムロは、偶然飛び込んだ極めて特殊な環境である「ガンダム」により、急速に成長しながら地球連邦軍のエースとなりました。そしてエースに上りつめた瞬間に、「ガンダム」

はいったん消失したのです。

読者の皆さんが現在の仕事、職場で期待されていることが新しい何かを学ぶことではなく、「これまで培った能力、経験を上手く発揮し続けること」であるならば、すでに皆さんは「ガンダム」から〝降りて〟いることになります。

今後も優れた成果を維持できるなら、それもまたよいかもしれません。しかし、社会環境や市況の変化で雲行きが怪しくなり、あなた自身が次の成長を求めているならば、軟禁状態を抜け出して次のMSを探し出す必要があるのです。

ここでも無遠慮なカツの厳しい言葉が追いかけてきます。

「なら、カラバに参加するとか。アムロさん！」

「あなたはここの生活がなくなるのが怖くって軍の言いなりになってるんでしょ？」

常に戦場にいるクワトロには、アムロは少し滑稽に見えた

環境が劣化していくことで「古い成功」に囚われていったアムロに比べ、シャア（クワトロ）は、Zの物語の中では遥かに自由です。シャアには「理想・信念」という自分の軸

があり、その実現のためなら戦場や環境が新しくなってもまったく構わないのです。新たに所属した軍も、かつての敵軍の分派（！）なのですから。

シャア自身は環境に頼って成長していないので、「あまりに我慢強く、劣化していく環境にしがみついた」アムロの姿を、やや滑稽に感じたかもしれません。

だからこそシャアは、その時の悩めるアムロに向かって「かごの中の鳥は、鑑賞される道具でしかないと覚えておいてくれ」と静かに言い放ったのでしょう。

Business Point

アムロは自らが依存した環境と、過去に手に入れた成功に囚われていた。あなたが現在、ガンダムに搭乗しているのか、すでに〝降りて〟いる状態なのか、正確に見極めることが重要である。

U.C.0087
Chapter 4

カミーユの未知数の才能を自分への「よい影響」と考えるアムロ

アムロを再覚醒させる若きカミーユの存在

７年もの間地球で軟禁され、活躍から離れてひたすら眠るような時間を過ごしたかつての英雄、アムロ・レイは、新たな出会いで少しずつ変化していきます。復活を始める時、アムロは恋人となったベルトーチカに呟きます。

アムロ　「宇宙空間はカミーユの可能性を無限に伸ばしてくれる。その結果として、僕によい影響をもたらすとしたら、それをしなければ」

ベルトーチカ　「利用するわけね、カミーユを」

実際に利用したかはともかく、アムロは若く才能にあふれるカミーユの存在を、自分の復活にプラスの作用を与えてくれるものだと確信していたようです。

「理想」ではなく「敵」に向かって戦うアムロ

再び宇宙に出るアムロですが、シャアとは大きく異なる点として、彼は何らかの強い信念やポリシーがあってティターンズと戦いを始めたわけではないことが挙げられます。監視されている身ながらかつての英雄として扱われているアムロには、「何と戦うべきか？」がわかっていませんでした。

実際、エゥーゴに参加するまでアムロの口からは「打倒ティターンズ」という言葉は一度も出てきていません。一年戦争自体、アムロは自らの意思で参加したわけではなく、サイド7で戦闘に「巻き込まれた」ところから戦歴が始まっています。

過去のアムロは巻き込まれた戦争の流れに乗っていれば、「巨大な敵」が次々と自動的に現れてくれる環境にあったのです。

これはビジネス社会での、新人育成に似ているとも言えます。新入社員には経験を積ませるために次々と段階的に役割が与えられます。それをクリアするごとに次へ進み、学習を重ねることで、やがて経験を積んだベテランのビジネスマンへと成長します。そして今度は、自分自身でテーマを創る立場となるのです。

かつて、少女ララァはアムロに質問しました。

「守るべきものがないのに、なぜあなたは戦えるの？」

繰り返しますが、アムロ自身は何らかの強い信念があって一年戦争に参加したわけではありません。ガンダムに乗って目前の敵に立ち向かい、戦闘に「自己効力感」を見出したことで、夢中で階段を登り続けていたのです。

しかし、ジオンに打ち勝つという大変魅力的なテーマはすでに消滅しており、アムロの再びの飛翔のためには新しいテーマが必要だったのです。

ニュータイプとしてアムロと共鳴したララァは、「守るべきものがないのに、なぜ戦えるの？」と問いかけた。

ビジネス戦士たちの［名セリフ集］

「貴様のようなのがいるから、
価格競争が終わらないんだ! 消えろ!」
「俺を安売りに駆り立てたのは貴様だ!
そんなこと言えるのかよ!」
「俺は貴様ほど品質を下げちゃいない!」

【「機動戦士Zガンダム」第49話より】

カミーユ・ビダン：「貴様のようなのがいるから、戦いが終わらないんだ！ 消えろ！」

ジェリド・メサ：「俺を戦いに駆り立てたのは貴様だ！ そんなこと言えるのかよ！」「俺は貴様ほど人を殺しちゃいない！」

魅力的な敵と戦うからこそ、あなたが輝く

アムロは与えられたモノに乗って進んだことで成功しました。その経験が、今度は自分で新しい魅力的なテーマを探すのに妨げとなったようです。

新しい「機動戦士Zガンダム」の物語ではアムロを戦闘へ参加させる強制力がありません。避難のためホワイトベースに乗り込み、ガンダムでの戦いを強要されることはもはやないのです。

クワトロやカミーユも参加している地球上の反連邦組織であるカラバと合流したアムロは、それでもまだ周囲から役割を与えてもらえると勘違いしています。

「ガンダムを若いヤツに使わせて、俺に当てつけているんだ……」

彼は、ここでもガンダムを与えてもらえることを期待していたのです。

しかし、今度は「自分で組織内の役割を見つける」必要がありました。アムロはすでに若き日の一年戦争は卒業しているのですから。

魅力的なテーマは、会社が与えてくれるもの!?

ようやく眠りから覚めたアムロは、何を復活の機会にできるかと考え、注目すべき存在を発見しました。若くして急成長を遂げ、魅力的なテーマに取り組むことで新鮮な輝きを放ち始めたカミーユです。

新たな時代の波に乗って成長し、周囲から必要不可欠な存在と認められているカミーユ。彼がいまどのようなテーマと対峙しているかを理解して体験することが、アムロ自身のテーマ発見によい刺激になると感じたのではないでしょうか。

アムロがカラバで新たな役割を探す時、すでにカミーユはカラバ組織の中で以下の状態にあることを実感します。

- ●集団から必要とされていて
- ●自信にあふれていて
- ●多くの人から信頼されていて

●本人自身が実力を発揮するポジションを持ち
●新たな時代を「恐らく理解している」こと

これはかつてホワイトベースでアムロ自身が担った役割そのものです。しかし、どうしてカミーユが時代の主役になったのか、この時点のアムロにはわからなかったと思います。だからこそ彼は、カミーユの側にいることを選択したのです。

あなたを再び活かす「巨大な敵」を見つける

ビジネスパーソンは、特定のポジション、地位を得ると、会社組織から「自動的に」テーマを与えられる立場を卒業します。会社に貢献するためのテーマを自分自身で見つける立場に変化していくのです。さらに言えば、あなたの部下たちにも彼らが活躍でき、輝けるテーマを与えなければなりません。

カミーユと出会い、再びMSに乗って戦い始めるアムロ。挑戦を忘れた大人は、輝ける若者が何と戦っているのか、その相手を理解すべき。

ホワイトベース時代は、艦長のブライト・ノアが与えてくれる役割をただこなしているだけでアムロは輝くことができました。しかし、あなたにはもうブライト艦長はいないのです。

アムロは、新しい輝きを生み出せるテーマを自分で発見する必要があります。

カミーユがクワトロと共に戦う戦場は、時代の変化が生まれる台風の目のような場所であったはずです。アムロはそこでカミーユの活動やセンスに触れ、共に闘うことを通じて新時代のテーマを感じることを目指したのではないでしょうか。

Business Point

若く、活躍している人物、優れた部下の視線の先を考えてみよう。若くして成功している人達には、新時代のテーマが見えている可能性がある。あなたが予想すらしない成功要因を教えてくれるかもしれない。

Chapter4をもっと理解するためのBOOKS

物事は視点を変えると、まったく別の様相を示すことがある。
多方面から眺めることも必要になる

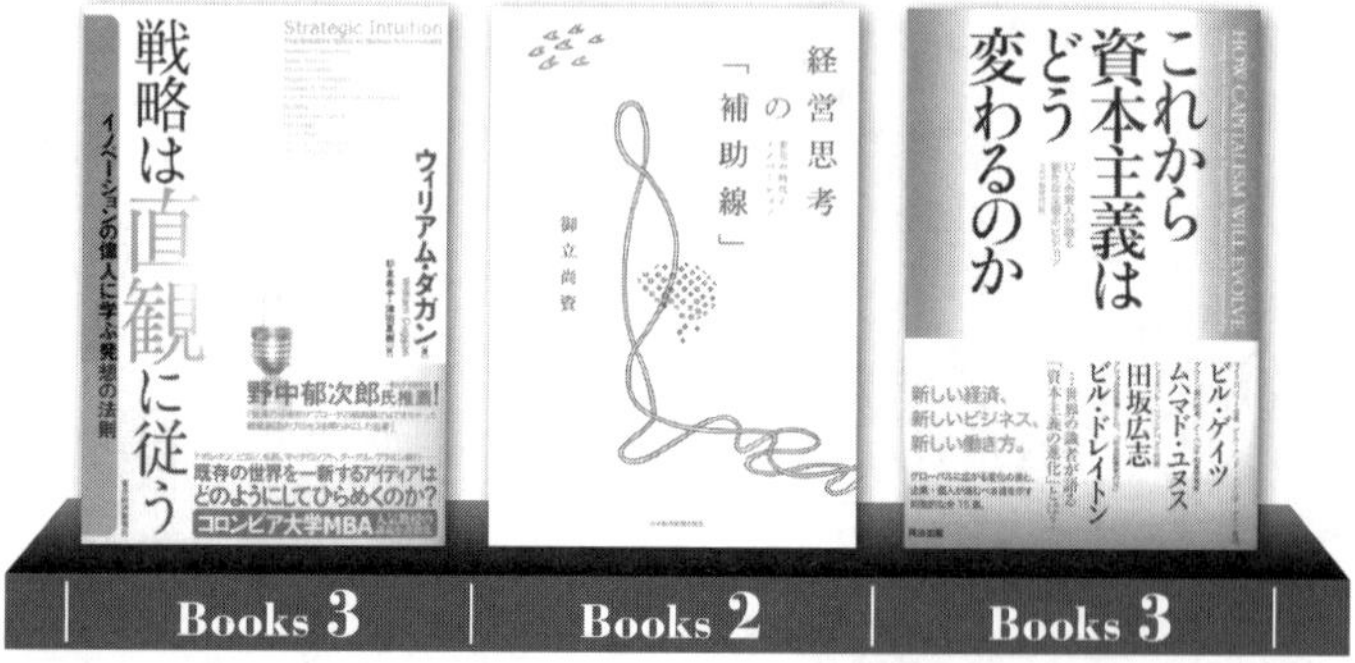

Books 1

戦略は直観に従う

ウィリアム・ダガン 著　杉本希子／津田夏樹 訳　東洋経済新報社　1,890円（税込）

既存の知識、情報体系とは一線を画すアイデアがどう生まれるかを考察した書。ナポレオン、仏陀、マイクロソフトやグーグル等への洞察は鋭く新鮮。ナポレオンは目標設定より、状況に流されながら有利な戦場を探して動き、勝利を得ていたという箇所は、アムロ復活に通じる論理である。

Books 2

経営思考の「補助線」

御立尚資 著　日本経済新聞出版社　1,680円（税込）

新たな発想によって展開されている世界のビジネス・サービスの事例を分析。異なる事象から共通点を見出すことで問題の構造をわかりやすく理解でき、新たなビジネスモデルを検討する際に有効な思考の道具を提供してくれる。トレンドと変化、リーダー像の解説も一読の価値あり。

Books 3

これから資本主義はどう変わるのか

五井平和財団 編　ビル・ゲイツ他 著　英治出版　1,995円（税込）

世界的に著名な知識人17人が語る、この社会の未来像。繰り返されるように見えて、実際には文明も社会も進歩しており、資本主義が自立的な思想を持ちながらも、社会全体に貢献できる可能性を秘めていることが指摘されている。新しい視点で世界の豊かな可能性を感じさせてくれる書籍。

Chapter 5

プレイングマネージャー、シャアの人心をつかむ技術

エゥーゴのリーダーとなったシャアは
多くの人を束ね、協力を取りつけていく。
戦闘では最前線に赴く彼は
典型的なプレイングマネージャーである。

U.C.0087
Chapter 5

幹部との付き合い方とクワトロの巧みな会話術

相手に「考えさせる」クワトロ流会話術

ジオン公国の復活をもくろみ残党を率いるハマーン・カーンと、首領として担ぎ出されたジオンの血統を引く少女ミネバ（ドズル・ザビの遺児）の台頭に、エゥーゴの首脳陣はどう対応するかの判断を迫られます。戦局打開のためエゥーゴはハマーンと手を組む方向で決まりかけますが、以下はその会議のシーンです。

メラニー　「クワトロ大尉、君の本心はどうなのか？」
クワトロ　「かつてのザビ家の生き残り、ミネバを立てる残党に志があると思えますか？」

メラニー「うぅむ。ダメで元々だ、やってみる価値はある」
クワトロ「はい」

エゥーゴの最大の後援者であるアナハイムエレクトロニクスの会長、メラニー・ヒューカーバインから、「君の本心はどうなのか？」と質問されたシャア（クワトロ）は、逆に質問で返しています。適切な「質問で返す」という会話により、メラニー会長に問題の核心を深く考えることを促し、同時に会長が冷静に判断をくだすための情報を、改めて提示しているのも注目すべきポイントです。

●彼らの行動と志はこうですが、どう判断されますか？

巧みな誘導でもあるのですが、シャアの会話が自然に聞こえるのは、一見、「相手に有益な情報」を与える構造になっているからだと思われます。独断的な意見の押しつけではないために相手も抵抗なく質問を受け入れて、自分の頭で再度考えるのです。
「逆質問を使い、相手に問題をより深く考えさせる」という会話形式は、優れた戦略家であるシャアの好むパターンでもあります。

「相手に思いつかせる」という会話の流れ

味方、同僚に対しても、シャアは「質問」を上手く使うことで相手に結論を思いつかせるという会話の流れを巧みに使います。

以下は地球でブレックス准将が暗殺されたのち、宇宙に戻ったシャア（クワトロ）がブライト艦長、ヘンケン艦長と交わした会話です。

ブライト　「このままにしておいていいのか？」

クワトロ　「二人にはいずれ話そうと思っていた。噂は本当だ。ブレックス准将は亡くなられた。しかし悲しむ暇はない。サイド２にまわるまでに、実施しなければならん作戦があるのだろう？」

ブライト　「戦場とはそういうものか」

クワトロ　「ああ」

ヘンケン　「賛成だ」

このシーン以外にも、「上手く質問をすることで相手に思いつかせる」という流れはクワトロが何度も用いる会話術です。注目すべき点はこの会話からブライトとヘンケンは「クワトロに命令されている」という意識は持たず、〝仲間〟意識で同じ目標にごく自然にたどりついたと全員が感じていることです。「機動戦士Zガンダム」ではクワトロは常に中心的な役割を果たしているのですが、そうした振る舞いが鼻につかないのは、仲間を引き込むこの巧みな会話術もその理由でしょう。

答えに導きながら上司に花を持たせるクワトロ

次は、エゥーゴの出資者を代表するウォン・リーとクワトロの会話です。ここでは作戦の内容について、両者の意見は真っ二つに割れている様子です。

ウォン　「まだ攻撃を受けたわけではない」

クワトロ　「攻撃されてからでは遅すぎます。戦争などは、しょせんはその前後の戦術の優劣によって決します。我々の判断の正しさに自信を持ちましょう」

ウォン　　「了解した……」

クワトロは事前に実施許可を得ていた作戦をそのまま実行することを推しますが、ウォンは大反対をします。ところが最終的にクワトロは「我々の判断の正しさ」と、〝我々〟という言葉を使ってウォンに花を持たせて会話を結論づけています。

会話の流れからすれば、「ウォンさんは間違っていて、私が正しい」と主張するはずのところを、「我々の判断の正しさに自信を持ちましょう」と言うのですから、瘤癪持ちの出資者も丸く収める以外ないといったところでしょうか。難しい人物へ配慮したシャアの巧みな会話術の一端です。

シャアは新しい戦場では中間管理職として現場第一線でチームを率い、戦果を出さなければなりません。そのうえ、現場と上層部のパイプ役にもなり、現場の情報を上層部に誤解なく伝える役割も担っています。

●上層部に、現場の正確かつ最新の情報を伝えて正しい判断を促す

●現場に上層部の判断と作戦を伝え、最適な形で現場部隊を動かす

この両方を上手く果たすには、当然ながら上下どちらか一方の味方になることはできません。よくある、ビジネス上での「板ばさみ」という立場です。

しかしシャアは、上下の間に入り込み、「質問力」と「会話力」を駆使してスムーズに作戦を遂行できる潤滑油の機能を果たします。優れた中間管理職として言葉の選び方が大変に慎重であることは、私たちにも大いに参考になる点でしょう。

Business Point

決定権のある人物には「最適な判断材料」を提供し、自然な結論へと導く会話術が有効。中間管理職とは、上下の能力を発揮させるために極めて重要なポジションなのである。

U.C.0087
Chapter 5

「シャアは卑怯だ」というカイ・シデンの指摘

シャアを非難するカイ・シデン

宇宙から地球に降下したクワトロとカミーユは、同じ反地球連邦組織の「カラバ」に合流します。

そこでクワトロは、かつて敵として戦ったカイ・シデンとハヤト・コバヤシの二名と出会うのですが、クワトロを見たカイは、ハヤトに手紙を渡して姿を消します。以下は、手紙を見てハヤトがクワトロに意見を聞いた場面のものです。

ハヤト「クワトロ大尉はシャア・アズナブルだと思える。そのシャアが偽名を使って地球連邦政府と戦うのは卑怯だから……一緒には行動できないと言うのか」

ハヤト 「カイの手紙にはこう書いてありましたね。リーダーの度量があるのにリーダーになろうとしないシャアは卑怯だと。モビルスーツのパイロットに甘んじているシャアは、自分を貶めているのです」

手紙を見せられたクワトロは「私には関係のない手紙だな」とそっけない言葉を返しますが、その場にいたハヤトやカミーユは、彼の言葉には納得がいかない様子です。

どんなに優れた人物でも、100%自分を客観視することはできません。人は時に自信過剰にもなり、また過度に自信を喪失するものだからです。クワトロ・バジーナと名乗っていたシャアは、一年戦争の複雑な経験のためか、謙虚すぎる、ある

元ホワイトベースのクルーであるハヤト・コバヤシは、シャアしかできない役割に取り組むべきだと指摘する。

いは本来の実力に比して控えめすぎる印象があります。

しかし、他人がその可能性を見抜いてくれた時には素直に乗ってみることも必要なのではないでしょうか。あなたが持っていながらも、自分では目を向けていない可能性に、周囲は先に気がついているかもしれないのですから。

場を与えられたら、主役になるべき

「仮に私がシャアだとしたら、君は何を言いたいんだ？」

先のハヤトの指摘に、クワトロはこう返します。カイもハヤトも、自分たちとは異なる能力を持つ「赤い彗星のシャア」ができるはずのことを引き受けていないことに、苛立ちを感じたのかもしれません。

『月曜日の朝からやる気になる働き方』（大久保寛司著　かんき出版刊）には「責任の範囲を自ら広げる」という言葉があります。以下に、クレームや職場の責任をリーダーがどう感じるかについて紹介した箇所を引用します。

「どこまでが自分の責任の範囲と考えるかは、その人の心の大きさをあらわしていると思います。自分の責任の範囲を狭くするヒトは、自分自身を小さくしているのと同じです。それでは、真に自分を大切にしていることにはならないでしょう。」

「今日は自分を大きくした日か、それとも小さくした日かを考えてみたいものです。自分の人生を大きくするということは、与えられた場で主役になることです。主役になるということは、他人の責任にしないということだと思います。」

新しい時代の流れが、シャアという人物を舞台の主役に押し上げようとする中で、あえて自らを卑下する彼の姿。「できるはずの人間が持つ責任」を回避していることは、赤い彗星に敬意と憧憬を感じる人達にとってはもどかしくもあったのです。そこにある複雑な心境を推し量ることはできても……。

先の書籍からの引用を繰り返しますが、

「自分の人生を大きくするということは、与えられた場で主役になることです」

「主役になるということは、他人の責任にしないということだと思います」

クワトロ・バジーナの能力を信頼し、初めて大人に敬意を抱いたカミーユも、「もしそうなら、それは卑怯ですよ！　シャア・アズナブル、名乗ったほうがすっきりします」と指摘しています。

「これで私は自由を失った」嘆くクワトロ

シャアはダカールで、実名で演説を行います。その演説が流れることで、彼は再び「赤い彗星のシャア」として世間の注目を集めます。仲間とその祝勝をしますが、アムロと二人だけになるとシャアは「これで私は自由を失った」と口にします。

世の中には、「肩書と責任を背負うこと」でしか得られないことも確実に存在します。

仕事における役割、組織における役割、友人の間での役割、そして家族における役割。それぞれのグループで、あなたがしかるべき役割をきちんと果たしているからこそ、周囲もあなたに信頼を寄せているのです。何かを手に入れるには相応しい責任を背負うことも必要です。これは多くの人を動かすべき時も変わりません。

矢面に立たなかったことをいつか嘆く前に

社会生活や人生も含めて、自らが背負わなければ絶対に解決できない問題があります。そのためにはタイミングを失わず、「解決したい問題の矢面に立つ」ことが必要不可欠です。刻《とき》は足を止めることなく無情に流れ過ぎていきます。

あなたが心から取り組むべき問題がいまあるのではないでしょうか。その時、思い切って必要な立場に立てばできたことも、あなたが振り返って後悔する頃には永遠に手の届かぬ過去になっています。

主役になるべき時は、あなたが主役になるべきです。いつまでも刻はあなたを待たないのですから。

元ホワイトベースクルーのハヤト・コバヤシは、「10年20年かかっても、地球連邦政府の首相になるべきです！」とシャアに詰め寄ります。一年戦争で敵としてシャアに遭遇した彼らには、その実力と「彼ならできること」が客観的な視点からわかっていたはずです。シャアが本来の理想のため、その時期に「連邦政府内で権力を得る」という壮大な道を歩み始めていたらどうなっていたでしょうか。

後年、何も変わることのない地球と連邦政府に怒りを募らせ、ネオ・ジオンの総帥として地球に巨大隕石を落とすような行為に、手を染めることはなかったのかもしれません。

Business Point

物事を変えることができる時に、必要な場面で自ら矢面に立つこと。刻《とき》は無情に流れていく。その課題をあなたが変えられるのは、いまだけかもしれない。

U.C.0087
Chapter 5

周囲の能力を引き出し協力を得るシャアの行動

他人を評価し、意見に耳を傾ける

元ホワイトベースの艦長ブライト・ノアがエゥーゴに合流し、正式に戦艦アーガマの艦長となった際、クワトロはブライトにこう話しかけます。

「かつてのお手並みを拝見できるかと思うと嬉しい」

クワトロはかつての敵であるブライトの手腕を認め、「とても期待しています」という意思表示をしています。クワトロの素直な期待を受けることで、ブライトは新戦艦での役割について、より積極的な気持ちを抱いたのではないでしょうか。

また、クワトロはカイ・シデンが地上に降りて一人で敵情を突き止める活動をしていることを聞き、ハヤトとこんな会話をしています。

ハヤト　「どうですか、ティターンズの拠点を突き止めることはやさしいことではない」

クワトロ「肉親は、身内の能力を過小評価する癖があるというが、本当だな」

ハヤト　「え？」

クワトロ「カイ君は卑しくも、かつてのホワイトベースにいたクルーだ。私は信じるな。彼はきっと我々の期待に応えてくれる」

カイ・シデンは、ジャーナリストになっていた。彼も自分を最も活かせる新たな環境に飛び込んだひとり。

どうやらクワトロ・バジーナとなったシャアは、優れた人物や実績のある人達の能力を高く評価し、素直に認める姿勢を身につけていることがわかります。

また、地球から再び宇宙に上がる時、クワトロとハヤトはこんな会話を交わします。

ハヤト　「大衆は熱しやすく冷めやすいものです。作戦を急いでください」
クワトロ「ベルトーチカにも同じことを言われた」
ハヤト　「彼女がねぇ、オールドタイプの老婆心と思ってください」
クワトロ「いや、それが人というものの正しい捉え方かもしれない」

ジオン公国軍内でも孤独だった一年戦争の頃とは違い、クワトロは周囲の人物の意見や指摘を、素直に受け止める懐の深さも身につけています。ともすれば独善的になりがちな仕事のできる人物がこうした度量を持つことは、その本人にとって大きな強みとなるでしょう。

協力を要請するクワトロの意思表示

「ありがとう。皆の協力があってこそ成功したんだ」

ダカールの演説に成功したのち、作戦成功を祝う席でクワトロはこう皆に語りかけます。

自らが優秀であるために、一年戦争では平凡な味方兵士を軽んじるそぶりがあった赤い彗星とは、とても同一人物とは思えない細やかさです。
クワトロの人間関係術には、もうひとつ特長があります。重要な課題について「共感を得ながら」皆と共有する姿勢です。彼は優秀な人物の前で素直に頭を下げ、協力が必要だという姿勢を明確に示しているのです。

ハヤト　「その人のあり方を変えるのが、あなたの仕事でしょ？」
クワトロ「いや、我々の仕事だよ、ハヤト艦長」
ハヤト　「ふっふっふ（笑）、そうでした」

右の会話は、ダカール演説後のハヤト艦長との会話ですが、自分に向けられた言葉に対して「（ハヤトも含めた）我々の仕事だよ」と伝えることで、ハヤトの共感と仲間意識を高めています。

クワトロはダカールの連邦議会を占拠し、演説を行う。多くの人を巻き込むために、その影響力を重視したのである。

ブライト「大尉はスペースノイドに希望を与えた。今後ともよろしく頼む、シャア・アズナブル」
クワトロ「それは、ブライト艦長にも頼みたいことだ」

同じくダカール後のブライトとクワトロの会話では、スペースノイドに希望を与えるという大きな役割について、クワトロはブライトにも協力してほしいと素直に言葉にし、二人は固い握手を交わします。こうしたクワトロの姿勢から、人を本当の意味で動かすには、

●相手に対する素直かつ、心からの敬意
●成功にはあなたの協力が必要なのだという真摯なメッセージ

この2つが何より大切であることがわかります。「赤い彗星」と呼ばれ、一時は宇宙を震撼させたエースから、「君の能力と協力がぜひ必要だ」と言われて、二人が嬉しくないわけがありません。クワトロは周囲の人物を積極的な形で仕事に巻き込むことに成功しています。

相手の強みがわかるのは自分の弱点を知ったから

ビジネス・職場などの人間関係への提言が多い良書『自分の小さな「箱」から脱出する方法』（アービンシャー・インスティテュート著　大和書房刊）では、他人をゆがんだ視点で捉えている状態を「箱の中にいる」と表現しています。「箱の中から他者を見ている状態」では「自分や他の人達を、ゆがんだ目で見ている。他の人々はいわば物に過ぎない」。これは自らの戦士としての才能に依存する、一年戦争時のシャアの言動に盛んに見られる要素ではないでしょうか。さらに同書は、人を素直な視点で見ることを「箱の外に出る」と定義して、以下のような効能があると説明しています。

「人をあるがままに認める効果」

「自分をあるがままの人間として見てもらえるとなると、頭の切れる人はさらに頭を働かせ、スキルを持った人はさらにそのスキルを発揮し、よく働く人はさらに懸命に働く」

「自分一人でできることの限界」を味わった一年戦争の経験から、クワトロ・バジーナ（シャア）は周囲とのかかわり方を大きく改善し、人をあるがままに認め、彼らを共感で巻き込みながら全員の能力を引き出しています。

皆さんは、周りの人とクワトロのようなかかわり方ができているでしょうか。「機動戦士Zガンダム」時代の赤い彗星は、やたらと自分だけが目立つことはしない代わりに、周囲の人達を上手に巻き込みながら目標を確実に達成していきます。

Business Point

人は自らの弱点を知らない時、相手の欠点ばかりが目に映る。シャアは自らの弱さに気づいたことで、周囲の人物の「優れた点」を発見できるようになった。

U.C.0087
Chapter 5

若手はあなたほど精神的に強くない

悲劇を繰り返す主人公たちの姿

クワトロとカミーユは、ダカールの演説前に、地球のキリマンジャロ基地（地球連邦軍側の拠点）へ降下します。そこで物語のヒロインである敵側のパイロット、フォウ・ムラサメと再会するのですが、戦闘の中でフォウは命を失います。まるで一年戦争の時、ニュータイプの少女ララァ・スンが戦死したように。この出来事を目の前にしてクワトロとアムロは呟きます。

アムロ　「人は同じ過ちを繰り返す。まったく！」

クワトロ「同じ、か」

一年戦争の両雄は、7年前の自分たちの体験とまったく同じ結果に遭遇することで、フォウの死を「避けられなかった悲劇」として受け止めたようです。

悲嘆にくれるカミーユを無理やり戦場から離脱させ、彼らはその場を立ち去ります。

カミーユに「違う結果」を期待したクワトロ

クワトロはフォウの戦死を目撃して「同じか」と呟きますが、アムロとは少し違う気持ちを込めてこの言葉を発しているように感じます。この場面の少し前、クワトロはカミーユを引きとめようとするのですが、最後には彼が少女フォウを救出することに対して半ば黙認のような態度を示すのです。

これは推測ですが、クワトロは敵側の少女フォウ

フォウ・ムラサメは、地球連邦軍がつくり出した強化人間。カミーユはフォウを強化前に戻そうとするが、悲劇的な結末を迎える。

を明らかに危険だと認識しながらも、隣にいる若いカミーユの才能に賭けてみる気になっていたのではないでしょうか。クワトロはカミーユが敵側の少女を正しい道へ導きながら、自らの手に取り戻すことができるのではないかと期待したのかもしれません。だからこそ、「同じ、か」と、結果を判定する審判者のような醒めた響きが、彼の言葉にあったと推測できるのです。

彼は自分が指導してきた若い部下、それも才能にあふれた若者に、自分たちの失敗とは違う結末を期待したのでしょう。クワトロは自らが期待した賭けに敗れ、7年前と同じ悲劇を再び目撃することになったのです

上司の助けを得られなかったカミーユ

この悲劇が起こる前、カミーユがクワトロに向かって「あなたもそう思ってくれて、協力してくれれば……」と言うシーンがあります。しかし、クワトロはカミーユの考えていることが成功する可能性を、その場であっさり否定してしまいます。

結果、カミーユはたった一人で極めて不利な状況に踏み込んでいくことになり、最後の

場面で誰の助けも得られず、ヒロインのフォウは死を迎えます。

部下と上司の二人で問題に取り組むこともできたのに、クワトロは部下であるカミーユ一人に問題を投げてしまいました。「過去と同じ行動をさせておきながら、異なる結果を期待した」クワトロがそこにいたわけですが、クワトロ本人はそれに気づいていないようです。そして、これは物語のクライマックスへとつながっていきます。

若者の手を放すタイミングを誤らないこと

エゥーゴのトップであったブレックス准将が暗殺されたのち、クワトロはエゥーゴの実質的な指導者となります。次第にクワトロはカミーユの面倒を見るよりも、組織上層部での戦略的な活動や、艦長クラスの人材と作戦討議をする時間が増えていきます。

カミーユは新しく参加した後輩パイロットの面倒を見つつ、宇宙で部隊を率いる若手リーダーの役割を期待され、実際に難しい役割をこなしていきます。上司クワトロの後ろ盾をすぐに得られない状態で悩み、それでも前に進もうとします。周囲の人々すべてに起こる問題を、カミーユは自分が解決しなければならない課題と感じて焦燥し、彼らすべてを救うことができない自分を責めるようにさえなっていきます。

そして物語の終盤。カミーユは自分の精神力のすべてを使い、最大の敵の一人、パプテマス・シロッコを倒しますが、あまりの重圧からか精神を崩壊させてしまうのです。

クワトロはその時、別の問題に当たっており、大切なカミーユの援護ができませんでした。また、アムロも別の戦場にいて、前途有望で感受性の強い若者を、優れているはずの二人は救うことができずに終わります。


物語の悲惨な結末と同じことは、ビジネスシーンでも頻繁に起こっています。

「能力の高い前途有望な部下の手を放すタイミングを間違えた」ために、部下が周囲の期待と経験不足の狭間で悩み、重圧と責任に押しつぶされて大きな挫折を味わって、あなたから離れてしまうケースです（最悪は会社を辞めてしまいます）。

クワトロはカミーユの輝く才能に気を取られ、彼を認める一方で、「大きな挫折をして乗り越えた経験がない罠」を軽視してしまったのです。

赤い彗星のシャアは、幼少時代から強い目的意識に支えられ、自らを律することを覚えた特別な人間でした。それに対してカミーユはハイスクールまでは普通に思春期を過ごし、シャアのような特別な意識を抱えた若者ではなかったのです。

仕事の経験が豊富で多くの挫折を乗り越えたあなたが、才能があっても経験の少ない若手部下に「自分と同じレベルの精神的強さ」を求めるならば、カミーユのような悲劇は繰り返されることになります。

若者を覚醒させたなら、その手を放すタイミングを間違えてはいけないのです。

Business Point

若手は、あなたほど精神的に強くない。精神的な強さは、経験の蓄積と共に醸成されることを、上司は常に忘れないようにすること。

Chapter 5をもっと理解するためのBOOKS

高いモチベーションを維持し、
組織を勝利に導くにはどう行動すればよいのか?

Books 1

大逆転

ゴードン・ベスーン／スコット・ヒューラー 著　仁平和夫 訳　日経BP社　1,890円（税込）

二度目の破産の危機から、奇跡の復活を果たしたコンチネンタル航空の会長兼CEOであるゴードン・ベスーンの著作。優れたリーダーが大組織に「極めて効果的に」プラスの影響を与え、危機を免れて大勝利へと導く成功の物語。企業変革を目指すリーダーの教科書と言える。指導的な立場にある人に。

Books 2

プロフェッショナルサラリーマン

俣野成敏 著　プレジデント社　1,575円（税込）

一部上場企業グループで33歳の最年少取締役となった著者が書いた、「プロ組織人の姿勢」。ブレない価値観と判断力、自己をより飛躍させる思考法を学べる。プロは精神的に、そして行動哲学の面でも自立しており、仕事を創造して部下に与える。活躍を期待する部下にぜひ読ませたい良書。

Books 3

課長力　逆境を突破する6つの力

遠藤功 著　朝日新聞出版　1,575円（税込）

630万足のメガヒット商品「瞬足」、100億円の売上を記録したアミノコラーゲン、富士フィルムの100ドルカメラなど、“ミドル”の活躍で停滞を抜け出し大躍進するきっかけとなった商品開発の秘密がわかる。中間管理職こそ、会社を勝利に導くエンジンであるという刺激的なメッセージとヒントが満載。

Chapter 6

リーダーとしてのブライト・ノアとクワトロ・バジーナ

一年戦争では敵味方だった
ブライトとシャアだが、
新しい物語では共にエゥーゴに参加する。
二人のリーダーの資質の違いとは?

U.C.0087
Chapter 6

艦長ブライト・ノアの部下育成の基本

クワトロ・バジーナとブライト艦長の違い

かつて戦艦ホワイトベースの艦長だったブライト・ノアは、Zの物語の初期にクワトロ（シャア）たちが所属するエゥーゴに合流します。

リーダーとしてのクワトロとブライト艦長を比較すると、大きな違いがひとつあることがすぐにわかります。ブライトには「プレーヤー（出撃パイロット）」という役割がありません。正確にはできないと言ったほうが正しいでしょう。したがって、部下がダメなら自分が出撃して勝つというような、クワトロ（シャア）が一年戦争で繰り返していたであろう行動を取ることができません。部下が出す成果こそが、ブライトの成果です。

ブライトは自分が出撃しないので、「部下が最高の成果を出す」ためにはどう人材を配置するのがベストなのか積極的に探る傾向があります。現場MSパイロットと同じ目線に立つことや、戦果での敬意は得られませんが、ブライトは作戦と艦の全体像を管理することで、各担当者が自分の業務により安心して集中できる環境を創り出しています。

一年戦争時、アムロはガンダムの操縦だけに集中でき、その結果、タフに戦闘を生き抜いてエースになったのです。

ブライトはスレッガーをどう手なずけたか?

一年戦争では、ブライトの部下指導について象徴的なシーンがいくつかあります。

戦艦ホワイトベースが地球連邦軍の本拠地であるジャブローに降下したのち、艦の補充要員として派遣されて来たのが、大男の年上ベテラン兵士、スレッガー・ロウ中尉でした。以下はスレッガー中尉とブライトが、敵であるシャアの戦艦に強襲された際の会話です。

ブライト　「ご専門は何でしょう?」

スレッガー　「大砲でも戦闘機でもいいぜ」
ブライト　「主砲のほうにまわっていただけませんか？　中尉」

ブライトはスレッガーを主砲担当に指名し戦果を挙げさせます。

ブライト　「スレッガー中尉。さすがですね。直撃はあなただけでした」
スレッガー　「いやあ、まぐれまぐれ。それよりさすがだねえ、皆さん！」

個性の強いスレッガーだが、ブライトの配慮で「自己効力感」をすぐに得ることができ、ホワイトベースに順応していく。

まず適切な役割に配置して、成果を出したスレッガーをブライトは褒めています。スレッガーはさっそく「自己効力感」を感じることができ、ブライトの配下で俄然やる気を出すのです。スレッガーは次回の出撃でブライトから戦闘機のパイロットに指名され、こう呟きます。「さあて、ここでパイロットとしてもいいところを見せてやらにゃあな」。

「自分を認めてくれる」「自分を必要としてくれる集団」という気持ちが、集団に所属する個人にとってどれほど重要な意味を持つかは、前作『ガンダムが教えてくれたこと』でも解説したとおりです。新加入のスレッガー中尉に「組織内での居場所」を与え、そこで結果を出したことを褒めるあたり、「自己効力感を味あわせて、人を惹きつけながら実力を発揮させる」、これぞブライトの部下指導法であることを教えてくれるシーンです。

戦果で人材配置を判断するブライト・ノア

Zでは「実戦に建て前はいらん！」とブライトが檄を飛ばすシーンがあります。結果が最も重要だというのは、彼がリーダーとして堅持している基本理念です。

ブライトは地球連邦軍側には少々珍しい「実戦型」の指揮官なのですが、これはやはり、ホワイトベースの過酷な状況で「生き延びるための戦果・結果がすべて」という価値感が形成されたのだと思われます。上司の選り好みではなく結果がすべてであり、売上を上げなければ店がすぐにつぶれる環境だと言えば、イメージしやすいかもしれません。

さて、スレッガー中尉の事例からもわかるように、ブライトは人材育成において４つのステップを採用しています。

①役割が人を変える。だから相手が上手くできることを探す
②最適な役割に配置し、活躍させて自己効力感を味あわせる
③相手は、自分が貢献できる場所（集団）を好きになる
④帰属意識の高い優れたメンバーとなる

部下は自分を活かしてくれる上司についていきたいものです。最適な形で能力を発揮させてくれ、集団内での居場所を与えてくれるブライトの部下指導術により、スレッガー中尉は急速にホワイトベースに溶け込んでいったのです。

強制力の利く職場であるか、自主性を重んじる職場であるか

ブライトが以前活躍した一年戦争と、7年後のZという新しい物語では職場環境に若干の変化が見受けられます。クワトロ・バジーナの箇所でも説明したとおり、ブライトが新

ビジネス戦士たちの［名セリフ集］

「上司の助言を無視する奴は、出世が遅れるぞ！　新人！」

【「機動戦士Zガンダム」第20話より】

アムロ・レイ：

「人の善意を無視する奴は、一生苦しむぞ！　カミーユ！」

しく所属するエゥーゴでは、「仕事への強制力」がかつてのホワイトベースほど働かないのです。ホワイトベースでは全員で結果を出せないこと＝「戦死」を意味しましたが、エゥーゴは反地球連邦組織ということもあり、ある程度まで自主性が重んじられている組織のようです。したがって、一年戦争時は「必要性を重んじる高圧的なリーダー」であったブライトも、少しだけ「共感を意識した部下とのコミュニケーション」を心がけざるを得ないことになります。もっとも、それは、むしろ新しい仲間からブライトが影響を受ける形で身につけていったものだったのかもしれません。

Business Point

部下育成に「自己効力感」を適切に使うブライト・ノア。個性的なスレッガー中尉も、すぐにブライトのファンとなった。一方のクワトロ大尉は、自らがプレーヤーだからこそ部下カミーユのロール・モデルとなっている。

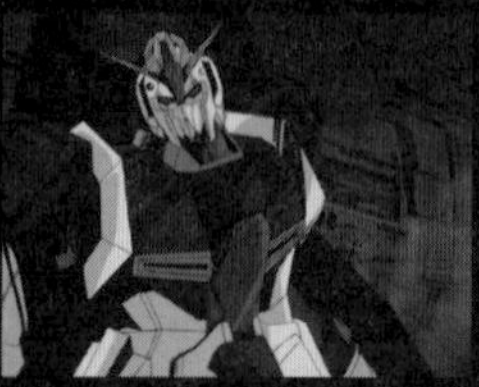

U.C.0087
Chapter 6

ブライト・ノアの優れた上司力、その秘密

徹底した事実確認を最初に行う

ここでは、ブライト・ノアの上司としての仕事術を分析してみます。

まず、ブライトのリーダーとしての特徴は、行動を行う前、あるいは行動しながらも、「徹底した事実確認をする」ことです。特に周囲の状況については常に監視を怠らず、情報を集めています。典型的なセリフ「索敵急げ！」は頻出です。

「索敵怠るな！」「索敵急げよ！」「索敵、ちゃんとやってるんだろうな！」。あまりにブライトが繰り返し索敵・監視について口にするので、部下が彼の口グセをすっかり覚えてしまったシーンもありました。

ブライト「アーガマが沈んでもシャトルは回収する。地球からの……」
トーレス「ミサイル監視は怠るな」
ブライト「それでいい」

ビジネスにおいて、不明確な情報を元に行動することが厳禁であるように、ブライトはリーダーとして判断をする際、一番に正確な情報を厳しく求めていることがわかります。

トラブルの可能性を過小評価しない

もうひとつのブライトの特徴は安請け合いをしないことです。問題の兆候を感じれば最大限に見積る形で問題を想定し、すぐに身構えます。Zの第1話でコロニーに鳴り響く警報に対し、ティターンズのジェリド中尉とブライトはまったく異なる反応をします。

地球連邦軍で閑職に追いやられていたブライトだが、エゥーゴに参加してアーガマの艦長になる。的確な指揮は健在。

ジェリド「どうせ、隕石流がコロニーに穴でも開けたんでしょ」
ブライト「地球から上がってきたばかりの貴様に、何が判断できる！」

エリート気取りのジェリド中尉は「大したことはないのでは？」と気楽に考えています。しかし、実戦経験が豊富なブライトはきちんと事実が確認できるまで、最大限の警戒体制を維持する姿勢を崩しません。

具体的かつ絞り込んだ指示を出す

ブライトは一年戦争時から一貫して、部下には常にシンプルで具体的な指示を出すことを心がけています。

「モビルスール隊は艦隊の水平面より下へ」
「敵は構うな、モビルスーツの編隊を集中させろ」
「あとにしろ。独自にやらせておけ」

「左舷砲撃手、射撃用意。各個に反撃させろ」
「左舷居住区、消火はどうした？　外からも消火させろ！」

特に戦闘時、戦線に二者択一の課題があった場合にはバッサリと一方を切り落として一番必要な作業に集中するよう、部下にわかりやすい命令を発しているのです。
具体的かつシンプルな指示は、彼の艦の反応と行動の速さに直結しています。

自らのミスは素直に認め、部下にも謝る

リーダーとして明確な指示を出すブライトですが、自身のミスが明らかである場合には部下に対しても心から素直に謝罪する柔軟性を備えています。

ブライト　「中尉、ファのことは私にも責任がある。アポリー、すまなかった」
アポリー　「はい」
エマ　「ブライト艦長」

ブライト「出撃許可を出したのはわたしだ。しかし、ファ、今回の事はよくない。それだけはわかってくれ」

ブライトは、若い女性クルーのファ軍曹にMSでの出撃許可を与えたのですが、未熟なファ軍曹は味方部隊の混乱を招きます。これについてブライトが他のパイロットに謝罪している場面です。ブライトは自らのミスを認める際、形式的ではなく心からの謝罪をしています。だからこそ部下もリーダーとして彼を信頼するのでしょう。

Business Point

ブライトの仕事は徹底した事実確認から始まる。リスクや危険を大きく見積り、警戒をしながら確実に目標を達成していく。明確な指示が、部下の迅速な行動につながっている。

U.C.0087
Chapter 6

クワトロとブライト、上司としての「吸引力」と「反発力」

まったく異なるタイプの上司

元ホワイトベースの艦長であるブライト・ノアと、かつてのジオンの赤い彗星であるクワトロ・バジーナ。この二人は新しい物語では共にカミーユの上司として活躍しますが、そのスタンスには極めて大きな違いがあります。

まずブライトは実戦部隊として出撃しないので完全にマネージャー職であり、クワトロはプレイヤーチームのトップ、あるいはプレマネといった立場という違いがあります。

物語の後半、クワトロはエゥーゴの事実上のリーダーといった格好になり、ブライトはできるだけ彼にMSでの出撃を避けるように配慮しているようです。しかし、この時点でのクワトロの本領は、実戦と部下の現場指導にあったことは間違いないでしょう。二人は部下であるカミーユ以外にも、周囲に大きな影響を与えた上司として描かれています。

最適な役割を与えて育てるブライト

すでに説明しましたが、ブライト自身は戦艦にいて部下に指示を与えるだけの立場です。したがってブライトが発揮する部下指導能力は「部下にどのようなタイミングで、どんな役割を与えるか」に絞られていることになります。

ブライト「カツを実戦に投入しろと言うのか？」
カミーユ「はい、大きな仕事を与えてやれば、少しは違ってくるんじゃないかと」
ブライト「わかった。考えておこう」
ブライト「ここにいたか。君にもレコア少尉の後方支援をしてもらう」
ファ「なぜです？」

ブライト「気合を入れるためだ」
ファ「そういうことですか。横暴ね」
ブライト「命令を下すのは私だ。行け！」

後半の会話は、女性の部下であるファ軍曹への指示ですが、この会話はそれ以前に作戦に関する意見の相違から、ファ軍曹が気持ちの整理がついていないことをブライトが見抜いたうえでの命令です。「役割を与え」て「役割を果たさせる」ことの重要性を熟知しているブライトは、部下を中途半端にして悪影響を生み出すような状況に放置せず、具体的な行動をさせることで気持ちが整理されることを期待しているのでしょう。

自らの行動を見せて示すクワトロ

一方のクワトロ大尉は、組織内では新人カミーユに自らの仕事を見せて動かす役割を担っているようです。この点はブライトと大きく異なるところでしょう。当たり前のことですが、部下や新人があなたの姿からよい影響を受けるには、あなた自身が「優れた仕事・

資質」を発揮していなければなりません。「凄いな、クワトロ大尉が一機落としたって？」。カミーユは、エゥーゴに合流した直後の戦闘で、ただ一機、戦果を挙げて戻ってきたクワトロの姿を見て思わずこう呟きます。新しい環境に飛び込んだばかりのカミーユにすれば、その環境で当たり前のように活躍するクワトロは憧れる存在、あるいは尊敬の対象となったでしょう。そしてそのデキる先輩上司が屈辱的な場面で「頭を下げさせられた」ことは、仕事と大人の世界の厳しさを彼が理解するのに、十分な光景だったはずです。

ハマーン「ふふ、シャアからそのような申し出を受けるとは嬉しい。だが困ったものだな、お前はモノの頼み方を知らないようだ」
カミーユ「くっ！」
クワトロ「頼む、ハマーン・カーン。コロニーレーザーをつぶしてくれ」
ハマーン「ふふふ、約束は守る。我々の力をその目に焼きつけるがいい」

かつての恋人ハマーンに屈辱的な扱いを受けるシャア。しかし、必要ならば一時的な侮辱にも耐えるのが大人。

これは敵対勢力の事実上の指導者である女性、ハマーン・カーンとシャア（クワトロ）の交渉時の出来事です（実は二人はかつて恋人同士でした……）。

カミーユは上司クワトロが受けた屈辱に静かな怒りを感じますが、クワトロは「これでいいなら安いものさ」と気にしていないそぶりをします。必要とあらば自分を曲げられるのも、上司として大人の振る舞いなのでしょう。

ブライトとシャア、二人の目標設定の違いに注目！

リーダーとしてのブライトとシャアを比べると目標設定の方法がまるで反対と言えます。

●ブライト＝「与えられた枠組み」の中で最高の成果を目指す目標設定
●シャア　＝「枠組みを超える」ことで成果を上げる目標設定

一年戦争時のホワイトベースは逃避行を続けながら生き残る必要がありました。ブライトはその枠組みに沿う形でアムロをエースパイロットに育てて勝ち抜いていきます。そして「機動戦士Zガンダム」では、当初、ブライトは戦艦の艦長を解任されてシャトルの船長になっていました。精鋭部隊のティターンズに侮辱されても唯々諾々《いいだくだく》と従うのです。

これに対してシャアは、ザビ家支配のジオン公国を内部から瓦解させ、新しい物語では腐敗した地球連邦への反対勢力を立ち上げて、ティターンズという支配体制を打倒します。

与えられた枠組みをあくまで守り通すブライトと、枠組みを壊すことで勝利を得ることを目指すシャア。時代の変化に応じ、二人の方法を使いこなせればベストでしょう。

Business Point

ブライトは役割を与えることで部下を成長させ、クワトロは自ら模範を示すことで部下を目覚めさせている。対照的な二人がカミーユを育てたと言える。

ゲリラ戦の名指揮官
軍人ランバ・ラルのモデルは？

勇猛果敢な職業軍人ラル

ランバ・ラルは「機動戦士ガンダム」に登場するジオン公国軍の大尉。ゲリラ戦のプロ、生粋の職業軍人として描かれる渋い中年指揮官です。モデルと考えられる人物に、ハルトマンと同じ航空部隊にいた英雄、ギュンター・ラルが挙げられるでしょう（姓〝ラル〟はそのままですね）。275機の撃墜記録を残した名パイロットであり、英本土航空決戦、フランス侵攻戦など各地の戦場を転戦した勇猛果敢なベテラン軍人でした。

騎士道精神を持つ、砂漠の狐

もう一人、ドイツ陸軍のエルヴィン・ロンメルも想定されます。ロンメルはドイツ戦車部隊を率いてフランス、北アフリカ等で戦果を挙げ、優勢だったイギリス軍を巧みな戦略・戦術で打ち破った軍略家です。

北アフリカではイギリス軍に何度も煮え湯を飲ませますが、ロンメルに勝てないイギリス軍は、ドイツ本国からアフリカのロンメルへの補給を断つ作戦に出ます。「補給に苦しむ」ことも物語のランバ・ラルと似ています。

騎士道精神にあふれた戦いを展開し、世界的に名声を博したロンメルですが、戦争後期にヒトラー暗殺計画への関与を疑われ、家族を守るために（軍部から強要された）服毒自殺を選びます。

日本軍のゲリラ屋、剛直な陸軍軍人

ランバ・ラルは、シャアの父親ジオン・ダイクンの遺臣の息子で、支配者がザビ家に変わったことで出世コースから外れます。この境遇に似ている人物を日本史上に探すと、桑名藩で幕臣として一度は新政府軍と戦った立《たつ》見《み》尚文《なおふみ》が挙げられます。

現在の新潟県周辺で行われた北越戦争では立見は巧みなゲリラ戦を展開し、新政府軍を何度も撃退します。しかし、同盟する藩が降伏したため明治政府に降伏。新政府になり、謹慎生活を送ってましたが、その高い戦闘指揮能力を買われて明治陸軍に招聘されます。

西南戦争、日清戦争、日露戦争でも活躍し、日露戦争ではロシア軍が陸戦で撤退する契機を生み出すなど、幕末から明治期にかけて「最高の指揮官」と呼ばれた人物でした。

Chapter6をもっと理解するためのBOOKS

名リーダーたちが実践したメンバーをまとめる秘訣とは何か?
その極意を学ぼう

Books 1

前に進む力

ダグラス・パーヴァイアンス/跡部徹 著　ディスカバー・トゥエンティワン　1,470円(税込)

コンフォートゾーン(居心地の良い場所)に留まらず、成長を求めてチャレンジし続けることの重要性を教えてくれる、NYの名門ジャズクラブの敏腕リーダーが語る、人をまとめ上げる極意。著者はブライトに似て、飛躍を生むポイント、組織と個人の能力を最大限発揮させるコツを熟知している。

Books 2

「サムライ」、米国大企業を立て直す!!

鶴田国昭 著　集英社　1,785円(税込)

米コンチネンタル航空復活の奇跡で大活躍した一人の日本人の実話。CEOゴードン・ベスーンの片腕として活躍した著者は「Working Together」を合言葉に、崩壊寸前の組織を見事に立て直す。情熱とエネルギー、行動力と交渉力で大変革を成し遂げた著者の活躍は、読む者に行動する意欲を与える。

Books 3

熊とワルツを

トム・デマルコ/ティモシー・リスター 著　伊豆原弓 訳　日経BP社　2,310円(税込)

プロジェクマネジメントの権威が「リスクを管理する理由」をわかりやすく解説してくれる。リスク管理の究極の目標は問題を乗り越えてゴールにたどりつくことであり、心配することではない。混同しがちな「杞憂」と「リスク管理」の違いも明確に示してくれる。優れた艦長に、ぜひおすすめ。

Chapter 7

ティターンズと地球連邦軍の崩壊を進めたもの

地球連邦軍の中から優秀者を厳選して
構成されたティターンズ。
しかしながら内輪から瓦解が始まっていく。
エリート集団はなぜ崩壊したのか。

U.C.0087
Chapter 7

肩書を振りかざして反感を買うジャマイカン

上司にはゴマをすり、部下には横暴

ジャマイカン少佐は地球連邦軍のエリート集団、ティターンズの中間管理職という立場の人物で、ティターンズの権力者の一人、バスク大佐の部下として活動しています。

彼は典型的な「上に媚び、下に横暴」なタイプ。上司の前では言葉巧みであり、また、ティターンズが極めて官僚的で肩書がそのまま権力となるような組織のために、度重なる失態にも更迭されず、部隊の足を引っ張るような指揮を長期間にわたり繰り返すことになります。

作戦参謀は私だよ！

ジャマイカン少佐は、組織や現場スタッフの能力を汲み上げて発揮させるスキルがありません。「私の言うとおりに動けばそれでいい」という官僚主義的な観念に凝り固まっています。

次の会話は、現場で高い能力を持ちながら口が悪い部下、ヤザン大尉との会話です。

ヤザン　「だからこそここで追撃を叩き、敵の足を止めるのです」
ジャマイカン　「貴様いつから作戦参謀になった」
ヤザン　「何なら、いまここで任命してもらって結構だが？」

ジャマイカン少佐の「作戦参謀は私だよ！」という台詞は、何度も出てきます。彼はとにかく自説にこだわり、自分の意見と作戦を曲げません。部下がアイデアを提案することを、極度に嫌います。これでは部下の能力を引き出すことは期待できませんし、優秀なスタッフは腐りきってしまうでしょう。

失敗は部下のせい、上司の前では流暢な解説

この手の人物は、自分の作戦の失敗を現場担当の部下に平気で押しつけます。ジャマイカン少佐は物語の後半で戦死するまでにいくつもの作戦で失敗しますが、彼の中ではすべて部下の実力が足りないか、部下に戦意がなかったことにしています。

一方で、直属の上司バスク・オム大佐の前では、できるだけ大佐の考えを読み、上司が考えているであろうことを流暢に口にするずる賢さを持っています。結果として上司はジャマイカン少佐の無能さ、部下への横暴さにまったく気がつかないのです。ある意味、組織内で最も困る人物です。

ジャマイカン少佐のような人物は、バスク・オム大佐のように特殊権限を持つ人物とつながることで、自分の地位を保持しているケースもあります。その場合、彼を更迭するように組織に下手に働きかけるのは得策ではありません。むしろ、その影響力を封じ込めるように隠れて包囲の網を張るほうが、よほどスムーズに事が運ぶでしょう。

あとはヤザンやシロッコのような人物がジャマイカン少佐の戦艦を沈めてくれるのを、根気よく待つだけです。

読者の皆さんが会社内でバスク大佐のポジションにあるなら、できるだけ下のスタッフへも直接声をかける機会を持つべきかもしれません。口が達者な中間管理職が自らの保身を考え、現場の正しい情報があなたに伝わらないように上手く隠しているかもしれないのですから。

Business Point

肩書を重視しすぎると、組織から活力が奪われ、硬直化していく。リーダーはそのような権威主義を斥け、自らの影響力の範囲では、実力・実績を重んじる姿勢が重要である。

U.C.0087
Chapter 7

自らの壁に執着して敗れたティターンズのジェリド

実力に見合わないエリート意識

ティターンズのジェリド・メサ中尉はZの物語の最初から登場し、主人公のカミーユ・ビダンと因縁浅からぬ関係となります。ティターンズはエリート部隊ですがトレーニングは地球で受けているため、宇宙空間での戦闘ではさほど優位性を発揮できません。ジェリド・メサはその強すぎるエリート意識に実力が追いつかず、謙虚さの足りない人物として描写されます。正規パイロットだというのにカミーユに押され続け、地球連邦軍の実戦派女性パイロット、ライラ・ミラ・ライラ大尉に笑われて口論になります。

ジェリド　「地球でも十分訓練はした。適応能力は高かったんだ。だからオレはティターンズになれたんだ！」
ライラ　「適性と、対応するっていうことは、違うね」

いったん新たな環境に飛び込んでしまえば、そこで結果を出すしかありません。古い環境で身につけた権威や権限など何の頼りにもならないことに、プライドばかり高いジェリド中尉は気づけなかったようです。

チャンスを手にできない男

Zの第38話、クワトロとカミーユは地上から宇宙へとシャトルで大気圏突破します。ジェリド・メサは上空まで二人を必死で追いかけますが、それを見たアムロは「無駄なことを」と呟き、追撃できずにやがて落下したジェリドのMSを狙撃します。

カミーユの乗るシャトルはもはや空高くまで飛び去っていますから、それをMSで追いかけるなど無駄だと、アムロは十二分に知っていたのでしょう。

すでに去ってしまったチャンスに執着する愚かさ。このような時、気持ちを次に切り換えることができれば、新たなチャンスに巡り合う確率も増えるというものです。

Ｚの物語を通じて、ジェリドは戦友ライラを殺したカミーユへの復讐だけに執着し、そのたびに失敗を重ねていきます。彼はカミーユとの過去の因縁に縛られて、その後に彼が出会う優れた人物や、彼に好意を寄せる素敵な女性など、本来、手に入れることができたはずの新しいチャンスをことごとく失ってしまうのです。常に「打倒カミーユ」の一点張りで、それだけを胸に行動を続け、その過程で戦友を失い、部下を失い、愛して支えてくれたマウアー・ファラオという美しい女性まで失います。「固執」しなければ手に入るものは沢山あったのに……。

身勝手な思い込みは、実戦では役に立たない

前述のライラ大尉とジェリドの会話の続きです。

ライラ　「新しい環境、新しい相手、新しい事態に会えば、違うやり方をしなくちゃな

らないんだよ」
ジェリド　「オレはそうしてきたつもりだ」
ライラ　「何も見ていないくせに、何が変えられるものか」
ジェリド　「オレが何も見ていないと言うのか」
ライラ　「見ていれば、ガンダムMk‐IIにだって勝っていただろう？」

「何も見ていないくせに、何が変えられるものか」。ヒントを与えたにもかかわらず頑なに自説を主張するジェリドに、戦闘経験豊富なライラは冷徹な指摘を浴びせます。
ジェリドの自尊心が拠り所とするのは、ティターンズ所属という特権意識です。単なる適性で「自分は結果を出せる優れた人間だ」と勝手な思い込みを抱き、自分がエリートだと頑なに

ライラはジェリドに強い印象を残し、カミーユとの戦いで命を落とす。以降、ジェリドはカミーユへの復讐に心を奪われる。

信じています。それゆえに、他の優秀な人間や意外な能力を目撃しても、受け入れることができない状態だったのではないでしょうか。
ジェリドは、やがてティターンズの平均的なパイロットより高い戦闘力を持ち始めますが、自分の成長に見合うような目標は設定できず、彼は最後まで「打ち破れない壁」と苦闘することに執着しました。愚かな目標設定をしたためにジェリドは価値あるものをすべて失い、最後はカミーユに敗れ去ることになったのです。

Business Point

不適切な目標を追えば、悲惨な体験ばかりが降りかかる。現在の自分に合わせて目標を調整しなければ、手に入れることができた幸福まですべて逃すことになる。

ビジネス戦士たちの［名セリフ集］

「原価丸出しで提案するなど。これでは見積りに利益を求めるなど絶望的だ」

【「機動戦士Zガンダム」第49話より】

パプテマス・シロッコ：

「生の感情丸出しで戦うなど。これでは人に品性を求めるなど絶望的だ」

U.C.0087
Chapter 7

バスク大佐とシロッコ、二人のリーダーシップの特徴

指揮官として対立する二人

バスク・オム大佐とパプテマス・シロッコは、共に地球連邦軍の指揮官です。バスク・オムはティターンズの上層部と直につながっており、シロッコはその勢力にあとから合流します。この二人が会話するシーンでバスクは、「シロッコ、貴公の許せんことは、自分以上に能力の高い者はいないと思っていることだ。バカにするな!」、こんな台詞を吐きます。バスク・オムは新参者のシロッコに相当強い敵愾心と怒りを覚えていたようです。最終的にバスク大尉はシロッコ相手に戦って敗死することになるのですが。

傲慢だが現場主義のバスク・オム大佐

傲慢で、部下を権力で押さえつけるバスク・オムですが、唯一とも言える美点がありま す。それは彼が現場主義者だということです。

Zの物語の初期には、戦闘が起きたという報告を受け、「少佐、グリーンノアへ行く。このままでは戦況も見られん」と、現場に急行するシーンがあります。また、物語の後期でも必要な戦場に足を運んでおり、問題が起これば直接自分の目で見て処理する姿勢を持っていることがうかがえます。「問題が起きている現場に近づく」という意味での行動力と謙虚さは、少なくとも持ち合わせていたのです。

一方で、バスク・オムの大きな欠点は、部下から意見されると逆上することです。文字通り「逆上」する場面が何度も描かれており、味方将校のブライト・ノアまで、「一般将校は黙っていろ！」と殴られています。

また、自身の権力を部下や周囲に見せつけるためか「相手の嫌がること」を部下に強制し、立場の違いをわからせるというクセがありました。いかにも権力志向の人物が行いそうなことです。結果、同じ連邦軍であったはずのシロッコに討たれることになるのです。

人の心理を操るパプテマス・シロッコ

二枚目キャラでクールな指揮官、パプテマス・シロッコは、巨大な資源採掘戦艦ジュピトリスの艦長でもあります。自らの能力の高さを鼻にかけた極めてエリート意識の強い人物として描かれますが、一方で彼は、自らとはまったく異なるタイプのパイロット、ヤザンなどを受け入れるあたり、他者の能力をある程度公平に評価できる柔軟性を持ち合わせていることがわかります。

複数に分かれた勢力を冷静に分析し、巧みに立ち回る能力と判断力を兼ね備え、またそ

レコア・ロンドは、シロッコに興味を持ち、エゥーゴからティターンズに転向。利用されるが、エマに敗れて戦死する。

の独特な風貌からカリスマ性も漂わせています。ただし、ハンサムだからといって、自分の権威も利用して周囲の女性を次々口説くのはどうかと思われますが。

彼は頭脳明晰で「人の心理を詳細に理解している」つもりのようです。事実、彼に従い、操られるように闘う女性も多く存在しました。しかし、レコア・ロンドという女性パイロットが戦死する際、シロッコが心理的影響を受けていないところを見ると、彼からすれば〝情〟とはしょせん他人を操る道具にすぎなかったようです。

Business Point

バスク・オムは「立場の違いをわからせる」ことで、相手を動かす。一方のシロッコは、「人の心理を巧みに操る」ことで、自分の目標のために相手を動かせると信じていた。

U.C.0087
Chapter 7

崩壊しやすい疑似エリート集団

「エリート集団」と喧伝された存在の脆さ

ティターンズはジオンの残党狩りを目的に「即戦力を養成する」ことを主眼に置いて組織されました。「地球生まれ」だけで編成され、高度な訓練を受けた軍事集団とされていますが、まったく環境が異なる宇宙空間の戦闘ではクワトロやカミーユにさんざん煮え湯を飲まされます。業を煮やしたバスク大佐は「地球育ちだけではダメだと言うのか」と呟きますが、その後も地球育ちだけを優遇する姿勢を崩すことはありません。

また、上層部（バスク大佐）は戦争を終わらせる名目で毒ガスをコロニーに使用し、大量虐殺も平気で行うなど、ある種狂信的な集団としても描かれています。

ティターンズで最も特徴的なのは「地球育ちの優秀な人材を厳しく鍛えることで、本物のエリートパイロット集団を創ることができる」という仮定を一切変えることがない点でしょう。実績がともなわないにもかかわらず、この幻想とも言える思い込みを一向に修正しようとはしません。ここにティターンズという集団の〝致命的な脆さ〟が感じられます。

〝時代の変化〟に古い価値感で抗う人々

ジェリド中尉は、ティターンズが〝権力を持つエリート集団である〟と純粋なまでに信じ込んでいます。そのため地球に戻ってからも、本来は同じ側に属する地球連邦軍の部隊を散々無視し、好き勝手な軍事行動を繰り広げます。その傍若無人さは、次第に連邦軍内にティターンズへの不信感を生み、彼らの衰退を招くことにつながるのです。

また、ティターンズのトップであるジャミトフ・ハイマンは連邦軍内で法案を通すことで権力を強化し、時代の変化を押さえつけてまで自らの価値感を維持しようと画策します。ジェリド中尉、バスク大佐、ジャミトフ司令官たちは、こうした自分たちの行動や思想が時代の変化に逆行するものであることを最後まで理解せず、周囲と軋轢を生み、やがて自滅していきます。

混迷の時代には過激な理論が流行る

ティターンズのような専横組織が〝自分たちはエリートだ〟という思想を隊員に浸透させると、どのようなことが起こるか描写した興味深い場面があります。

シャアがダカールで演説する時、ベルトーチカ・イルマ（アムロの新恋人）とティターンズの中尉との間で、こんな会話が交わされます。

アジス　「現代は、混乱の時代です。このような時代にこそ、正しく、すべてを統括していける軍が必要なのです」

ベルトーチカ「誰の言葉？」

ベルトーチカ「あなたの言葉ではないんでしょ？」

アジス　「これは、ジャミトフ閣下の……」

ベルトーチカがダカールで出会ったティターンズのアジス中尉は、比較的正義感があり、倫理観も道徳観もきちんと持ち合わせた若い軍人として描写されています。ところが彼の口から出たのは自分で考えた言葉ではなく、ティターンズの頭目ジャミトフ・ハイマンの言葉と思想そのものです。正義感あふれる青年、アジス中尉は知らぬ間に集団に洗脳されていると考えることもできる場面です。

「自らの力で自らの未来のイメージを作らなければその隙間を狙うように、必ず誰かが自分たちにとって都合の良い未来のイメージを植え付けようとしてくることは、歴史が証明しています」（小野良太著『未来を変えるちょっとしたヒント』講談社現代新書より）

これは第2次世界大戦時、なぜあれほど多くの国民や若者がヒトラーや日本の帝国主義を信じたのかという解説の引用部分です。

人は未来に積極的で明るいイメージを描けないと自ら考えることをやめ、誰かが都合よく与えたイメージに染まりやすくなるのです。若いアジス中尉がジャミトフ・ハイマンの言葉と思想をそのまま刷り込まれ、染まったようにです。

ティターンズは古い価値観と特権意識のはびこる敵集団として描かれますが、未来への不安が高まるとき、人は他者の思想に操られやすくなることは歴史が証明しています。不安と弱さにつけ込まれた人が、自ら考えることを放棄してしまうのです。

未来に漠然とした不安を感じても、常に自らの頭で冷静かつ客観的に物事の正誤を判断する、強い自立心を失わないことが大切なのでしょう。

Business Point

疑うこともなく浸透している権威、思想ほど危険なものはない。ティターンズ的な側面が我々にもないか、謙虚な自己検証が時には必要である。

ビジネス戦士たちの［名セリフ集］

「よくもずけずけと相見積りを出す。恥を知れ、俗物!」

【「機動戦士Zガンダム」第47話より】

ハマーン・カーン：

「よくもずけずけと人の中に入る。恥を知れ、俗物！」

Chapter7をもっと理解するためのBOOKS

人の心の脆さと、そこからくる組織崩壊の危機。
これを逃れる方策とは?

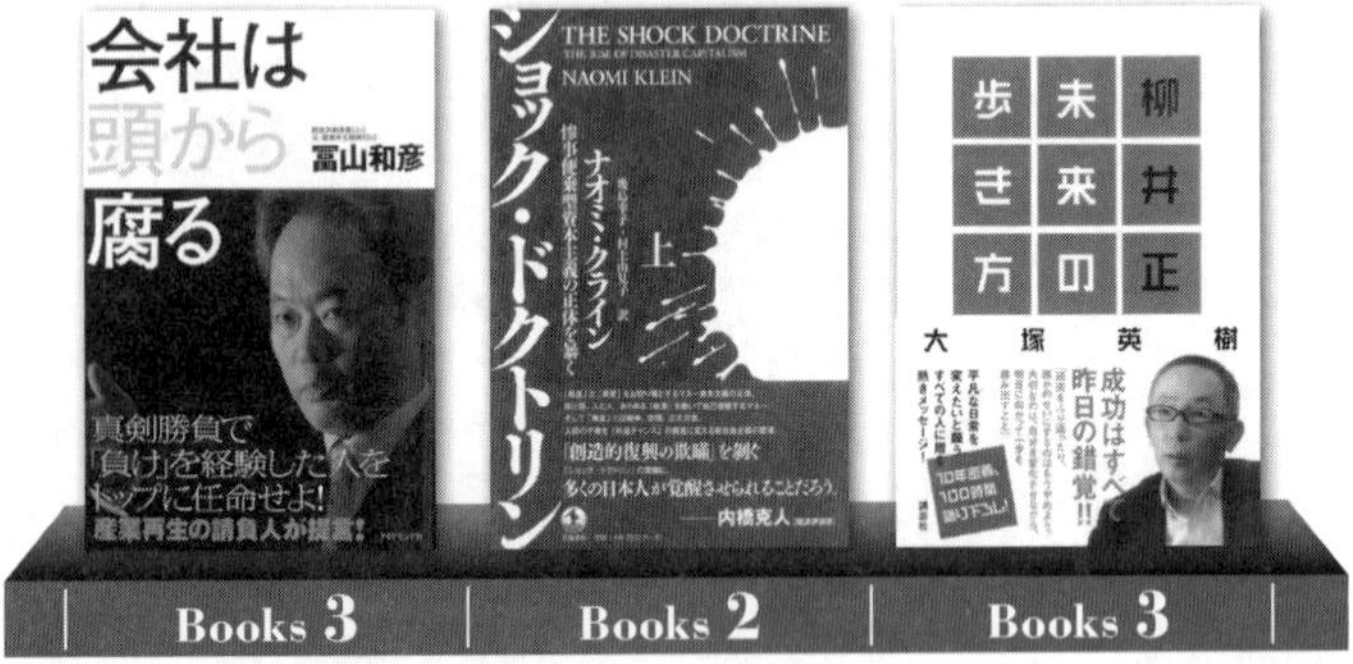

Books 1

会社は頭から腐る

冨山和彦 著　ダイヤモンド社　1,575円(税込)

「人はインセンティブと性格の奴隷である」と説く著者は、産業再生機構で「人と組織のリアル」と格闘を続けた凄腕ビジネスマン。日本の競争力の源泉は、現場と個人の能力にあったと指摘。いまこそ、過去の呪縛と腐敗を断ち切り、新しい“日本人的組織構築”をするチャンスがあると説く。

Books 2

ショック・ドクトリン(上・下)

ナオミ・クライン 著　幾島幸子/村上由見子 訳　岩波書店　上・下各2,625円(税込)

戦争、大規模災害、政変等の危機につけこみ、あるいは、それらを意図的に起こして過激な市場主義経済改革を強行する手法を暴いた本。カナダのジャーナリストによる指摘は、私たちが不安や危機を前にいかに精神的に脆いかを教えてくれる。ショック状態を利用して、民衆が騙される危険性を説く。

Books 3

柳井正 未来の歩き方

大塚英樹 著　講談社　1,575円(税込)

「成功はすべて昨日の錯覚!」という強烈な帯の言葉も含め、本書は「明日に向かって一歩を踏み出すこと」の重要性を説く。成功し続けるためには、既得の成功にしがみつかず、変化しながら進まなければならない。最終章「ユニクロの未来、日本の可能性」は必読箇所。すべてのビジネスマンに!

Chapter 8

シャアが見つめる「一歩先」の視点

常に人の先を歩くシャア。
彼が宇宙世紀に見つめていた未来は、
人類にとって
どのような世界だったのだろうか。

U.C.0087
Chapter 8

ビジネス視点で考える「地球の重力に魂を引かれた人々」とは？

宇宙移民の〝覚醒〟を怖れる地球の権力者

「機動戦士Zガンダム」の鍵となる重要な概念に「地球の重力に魂を引かれた人々」があります。この言葉は何を意味しているのでしょうか。物語の中では、

●遠い地球から宇宙移民全体を支配しようとする地球連邦軍
●宇宙に昇ることを「宇宙酔いが怖い」と恐れる地球の政治家
●地球にしがみついて、地球を滅ぼす人々

このような人々として描写され、その意味を暗示しています。

「ティターンズが暴走を始めたから、戦うのさ」と、クワトロ・バジーナとなった赤い彗星は自らが戦う理由をカミーユに説明します。「地球の重力に魂を引かれた人々」は宇宙移民たちを地上からコロニーへと追いやりながらも、一方で「宇宙という環境に適応していく人々」を怖れるようになったと述べています。

新たな時代の開花を望まない人々

特権階級であるティターンズ、ならびに地球連邦軍は「スペースノイド」と呼ばれる宇宙移民の台頭と、宇宙環境に順応した「ニュータイプ」と呼ばれる特殊能力を持つ人類が増えていくことを極度に恐れました。

古い権力構造など、それを維持することで自らのプラスになるものにしがみついている人々は、手にしている既得権益を脅かす新しい考え方、新しい価値感を持つ若者の増加を望まないものです。

「地球にしがみつき、地球を滅ぼす人々」は新たな感覚により行動し、新しい世界に順応して活躍する人々が増えることを望みません。それがやがて社会を変革する流れにつながることを無意識のうちに知っているからでしょう。こう考えると、既得権を放そうとしない旧体制に立ち向かうクワトロやエゥーゴの主張は不思議な現代性を持って感じられます。

「地球の重力に魂を引かれる」の意味

エゥーゴの女性パイロット、エマ・シーンはカミーユにこう言いました。

「ウォンさんはね、地球にしがみついて地球を滅ぼすような人は、何とかしたいと思っているのよ」

この「地球にしがみついて地球を滅ぼす人」を、「組織にしがみついて組織を滅ぼす人」と書き換えて考えてみましょう。

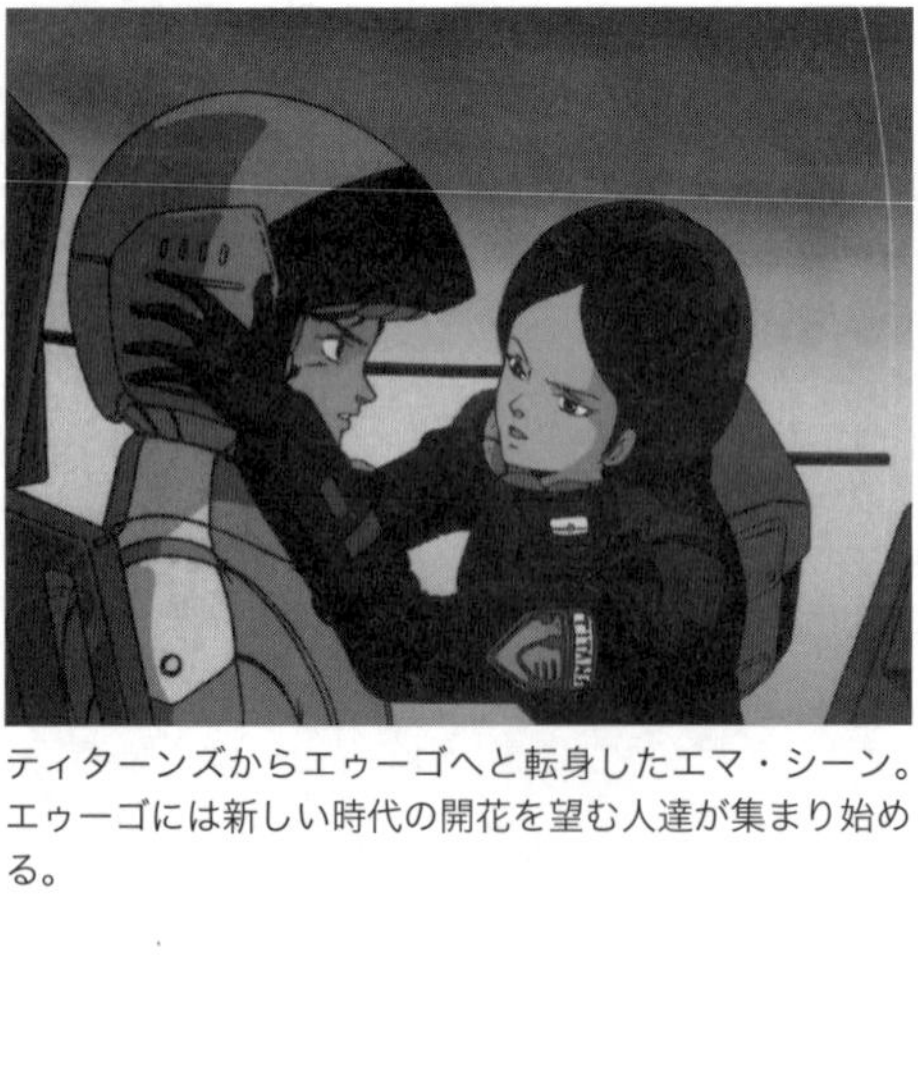

ティターンズからエゥーゴへと転身したエマ・シーン。エゥーゴには新しい時代の開花を望む人達が集まり始める。

「地球にしがみついて地球を滅ぼす人々」とは、既存の権力構造にしがみつき、得ている利権の固持に努めることで、かえってその組織全体を滅亡へ導いてしまう人々と解釈することができます。これは官僚や政治機構だけではなく、ビジネスフィールドにも当てはまります。

「地球の重力に魂を引かれる人々」とは、自らの身勝手な欲望から既得権益や利権にしがみつき、結果として組織全体を滅ぼす人々を言い表わしているのかもしれません。

新しい世界のビジョンを人々に提示したシャア

クワトロ・バジーナ（シャア）とカミーユは、ダカールでの演説を終えたあと、地球での任務を完了し、シャトルで宇宙に戻ります。その時の二人の会話です。

クワトロ「彼らは宇宙にこそ希望の大地があると信じた。自分たちを宇宙に追いやった地球のエリートたちを憎むことより、そのほうがよほど建設的だと考えたからだ」

クワトロ　「地球の重力を振り切ったとき、人は新たなセンスを身につけた。それが、ニュータイプの開花へとつながった。そういう意味では確かに宇宙に希望はあったのだ」

カミーユ　「よくわかる話です。僕もその希望を見つけます。それがいま、僕がやらなくちゃいけないことなんです」

「宇宙」＝「既存の概念や権威から自由でいられる場所、新たな価値感」と解釈すれば、宇宙に昇ることで「新しい繁栄の実現」ができるという洞察も生まれます。

つまり、シャアは「新たな思想の実現こそ、古いタイプの人々を含めたすべての人達が新しい成功や豊かさを手に入れる一歩なのだ」と述べているのです。

カミーユは赤い彗星の言葉に自ら「宇宙に希望」を見つける決意をします。

ダカールでクワトロの演説を聞いたカミーユは、地球からの帰り、自分なりの希望を見つけますと語るのだった。

新たなビジョンを持つ者と、ニュータイプへの開花

Zの物語では、シャアが描いた希望のビジョンが敵側に所属していたエマ・シーンを引き寄せ、カミーユを覚醒させ、理想の実現を目指す人々を集めていくことになります。私たちはどのような場所にいようとも、豊かな世界を実現するビジョンを掲げ、勇気を持って次なる変化への一歩を踏み出すべきではないでしょうか。

Business Point

「地球VS宇宙」の構図は、既得権益に固執する体制派と、斬新な発想を持つ新興勢力との対立と見ることができる。シャアたちは新たな世界のビジョンを描き、そこに新しい繁栄を生み出す道があると信じた。

U.C.0087
Chapter 8

優れた能力がありながら「過去のために現在を捨てた」シャア

アルテイシアに「私は過去を捨てたのだよ」

一年戦争の後期、シャアは妹のアルテイシアとテキサスコロニーで遭遇します。

「マスクをしている訳がわかるな？　私は過去を捨てたのだよ」

と彼は言うのですが、実際に行動を分析すると、言葉とは正反対であるとわかります。両親の復讐のため青春時代を自己鍛錬と戦争に明け暮れたシャアは、「喪失した過去」を埋めるために「現在をそっくり捨てている」ように見えるのです。

Zの物語は、唯一シャアが過去から解放されているかのように見える期間ですが、新しく出会う女性には心を開かず、ミネバ・ザビを歪んだ形に育てたハマーンに激昂します。

シャアはここでも過去に囚われているのです。

新たな人生、新たな仲間、新たな幸せ、新たな勝利。シャアはこれらを生み出す優れた能力を十二分に持ち合わせています。にもかかわらず、シャアは過去への逡巡を捨てきれず、現在の可能性を100％享受できずにいるようです。

テキサスコロニーで、シャアは妹アルテイシア（セイラ）と再会。打倒ザビ家に燃えるシャアとセイラが歩み寄ることはなかった。

気持ちの切り替えの速さとシャアの人生

どこか過去に囚われているシャア・アズナブルですが、それで仕事に支障が出ることはありません。今日この瞬間にも、彼は極めて優れた能力を発揮して敵に立ち向かい、日々、成果を上げています。戦闘でのシャア（クワトロ）は常に変化していく状況の中、邪魔な感傷は排除して自分の気持ちをコントロールできる人物だと言えます。

カミーユ　「大尉はロベルト中尉が戦死したこと、何ともないんですか？」

クワトロ「宇宙に帰りたいのだろう?」
カミーユ「そ、そりゃあ……」
クワトロ「帰ってみせるのがロベルト中尉に対しての手向けだ。戦場での感傷はやめろ」

しかしながら、戦いでの彼の素早い切り替えは、あくまでも作戦上の合理的な判断であって、生き方ではないことにも注意が必要です。彼は直面する業務には素晴らしく速い処理能力を発揮しますが、生き方を変えることは決して上手くはありません。

比類のない能力に恵まれ他の人にはない理想を抱えているからこそ、彼の輝きは多くの人に影響を与えます。しかし、一人の男性の人生として考えると、そこにはある種の哀しみが横たわっているように感じられます。

幸せを手にできる瞬間はシャアにも幾度か訪れたはずです。それなのに彼は生き方を変えられず、運命が差し伸べた手を振り払ってしまうのです。

成し遂げられなかった過去を追わない

物語の後半、終わった戦闘の結果に悩むカミーユ・ビダンに、上司であるシャアが声をかける場面があります。

カミーユ「いえ、僕の脆い心がハマーンの強烈な意思に負けたんです。それだけです」
クワトロ「危険だな、カミーユ。それではアムロ・レイの二の舞になる」
カミーユ「そうでしょうか」
クワトロ「アムロは自らの魂を解き放つのに7年もかかった。それは地獄の日々だった」

「地獄の日々」とは、おそらく一年戦争でアムロが戦闘中にララァ・スンを殺してしまったことを後悔し、7年間も心を閉ざしていたことを指しているのでしょう。

しかし、それは実は、シャア自身にも当てはまるのではないでしょうか。

「なぜ自分はララァを失ってしまったのか？」
「あの戦闘の時、こうしていればララァを失わずにすんだのでは」

推測ではありますが、アムロを引き合いに出しながら、実際にはシャア自身が7年という「地獄の日々を」ずっと苦しんできたのではないでしょうか。だからこそ、彼はカミーユの状態が心配になったのだと思われます。

シャアがカミーユに伝えた言葉の意味は、「成し遂げられなかった過去をいつまでも追いかけて、自分を苦しめるな」ということです。これはシャア自身の長い苦しみの体験からカミーユにどうしても伝えたかったことなのでしょう。

過去はそのままにして歩み続けられるか

「過去への執着」はガンダムを貫くテーマのひとつと言っても過言ではないほど、登場人物たちは失った過去、欠けてしまった何かを取り戻そうと悩み続けるシーンが出てきます。しかし、当然ながら過去は決して変えることはできません。

過去を取り戻そうと悩み続ければ人生のすべてを失う

シャアにとってララァは心を許せる唯一の存在だったが、戦いの中で彼女を失ってしまう。

ことにもつながります。「気持ちを切り替える」とは失ったものへの未練を抱き続けるのではなく、「欠けたもの」をそのままにして歩き続けて人生全体で勝つことだと言えるかもしれません。「いま、この瞬間を失うな」ということです。

私たちは日々何かを喪失し、時に立ち上がれないほどの後悔も経験します。「機動戦士ガンダム」の物語、そしてシャアの生き方は、「欠けてしまった過去はそのままにして先を見る」ことの大切さ、つまり、幸せで豊かな未来に目を向けて、いまこの瞬間を歩くことが何より重要であることを、私たちに教えてくれているのです。

Business Point

「過去を捨てた」と語るシャアは、実際には「現在を捨てる」生き方をした。あなたは欠けた過去はそのままにして、前を向いて歩けるだろうか。幸せのために生き方を変えるべき時は、いつか必ずやってくる。

社会学としての赤い彗星「未来を創る最強の能力」

「4分の壁」を破った衝撃が人類を変えた

『未来を変えるちょっとしたヒント』（小野良太著　講談社現代新書）から、英国の陸上競技選手だったロジャー・バニスターが人類全体に与えた影響について紹介したいと思います。

バニスターが陸上競技を始めたのは1946年、17歳の時でした。当時、1マイル（1・6キロ）レースの選手たちの間には「1マイルを4分以内で走ることは、人間には不可能」という「4分の壁」が、神話的な信念と言えるほど強固に立ちはだかっていました。実際に無数のアスリートがこの壁に挑戦し敗れていたのです。

しかし、バニスターは肉体的トレーニングのほかに「自分が4分の壁を破るシーン」を頭の中で何千回と描き、「ビジョン」として再生し続けました。

そして運命の日は訪れます。1954年の5月6日、バニスターは1マイルを「3分59秒4」で走破。「ビジョン」の力を借りることであらゆる人が不可能だと信じていた壁を打ち破ることに成功したのです。

しかも驚くべきことにその46日後、ライバルであったオーストラリアのジョン・ランディが「3分57秒9」を達成。「4分の壁」を破った2人目の出現です。その後は壁を破るアスリートが続々と現れ、1年で37人もが4分を切りました。さらに次の年には何と300人ものアスリートが4分の壁を破ったのです。

バニスターの快挙によって「4分以内に1マイルを走る」ことは「可能である」という認識が地球規模で広まった結果です。まさに人類の意識が変革されたのです。

同じことは1983年、カール・ルイスが100メートル走で10秒の壁を破った時にも起こりました。2か月後には人類で2人目の9秒台選手が登場するのです（カルヴィン・スミス）。

カミーユはシャアと出会って未来を信じた

物語に戻りましょう。カミーユ・ビダンはふとした偶然が重なり、普通のハイスクールの生徒からMSに乗って地球連邦軍のエリート集団ティターンズと戦闘する立場に立たされます。では、カミーユにとって「ティターンズとのMS戦」は気が遠くなるほど難しいことに見えたでしょうか？　そうではないはずです。なぜならカミーユの目の前には涼しい顔をして何度も出撃し、ティターンズ部隊を軽々と蹴散らして帰還する男がいたからです。

連邦兵　「好きにしやがって！　ぬう！　早すぎる！　まるで赤い彗星だ」
ジェリド　「くそぅ！　うぉ、こっちが当たらずに、何で相手のほうが！」
ライラ　「乗せられてしまった？　あの赤いモビルスーツに。母艦の支援がないと勝てないのか」

これはZの物語初期にシャアと接触し、戦闘した連邦軍側の人物の台詞です。赤い彗星にとっては普通の戦闘ですが、敵側は圧倒的な実力差を感じています。

クワトロ（シャア）という「ビジョン」は、カミーユに「ティターンズも地球連邦軍も怖れるに足りない」という信念を植えつけたことでしょう。カミーユにとっての「MSパイロット」とはシャアであり、シャアこそが「カミーユにとっての基準」なのです。

ビジネスでは、上司が見せる仕事の成果や実績がそのまま部下の「ビジョン」になります。あなたが見せる限界が「部下の限界」として引き継がれていくことになるのです。

したがって、部下への教育に強い影響を与えたければ、あなた自身が「涼しい顔で大口の受注に成功」して「プロジェクトは成功させるのが当たり前」という実績を創ることです。手を焼いた仕事でも涼しい顔で振る舞うべきです。あなたが軽々と越えて見せたハードルが、やがて部下の「基準」となるのですから。

失意のアムロが赤い彗星の姿に見たこと

地球に幽閉されていたアムロが7年ののち、戦闘に再び参加する際、戦いを怖れるようになっていたことはすでに述べました。戦いを怖れるアムロの前で、シャアは何くわぬ顔で出撃して激戦を繰り広げます。一年戦争でのライバルが新しい時代でも戦いに参加し戦果を挙げている様子は、アムロに「自分は何ができるのか」を明確に教えたのではないでしょうか。彼もまたシャアの見せた「ビジョン」で復活したのです。ダカールの演説後、二人はこんな会話をします。

クワトロ　「変わったな、アムロ。昔のアムロ・レイに戻ったようだ」
アムロ　「変えてくれたのは、あなただよ」

シャアの戦う姿が、アムロを変えたのです。

軟禁状態のアムロはカツに説得されて監視から脱出。活躍するシャアに再会し、かつての自分を取り戻していく。

社会学としてのシャア・アズナブル「未来イメージと文明」

陸上選手のバニスターは「4分の壁」を破り、全人類の意識を変革しました。こうした影響がひとつの国レベルで起こった場合に、どんなことが生まれるのか、『未来を変えるちょっとしたヒント』でも解説されています。

「ポラックは、未来に対して前向きなイメージを持っていた文明はその後繁栄し、反対に、後ろ向きのイメージしか持てなかった文明はやがて衰退していったこと、および未来のイメージの鮮明さとその文明の勢いには相関関係があることを立証しました」

同書では、西ドイツのアレンスバッハ研究所の調査も紹介しています。2000人の国民に「新しい年を迎えるに当たって、あなたは新年に希望を持っていますか、それとも不安を持っていますか？」というアンケートを長期間実施したところ、何とこのアンケートの結果と次の年のドイツのGNP（国民総生産）の増減が、1958〜1994年までの間、見事な相関関係を示したそうです。しかもそれは主要な5つの経済研究所で専門家たちが算出した経済予測よりも、よほど正確だったと指摘されています。多くの人々が抱くイメージは、国家の経済状況をも左右するほどに大きな力を持つのです。

人類のニュータイプへの覚醒、未来への希望を描いた赤い彗星の力はエゥーゴという組織を生み、多くの人達に新しい世界の実現を信じさせたのです。

アムロやカミーユに「4分の壁」を取り払う「ビジョン」を見せたのは、シャア・アズナブルその人でした。未来を信じ、勇戦し、周囲の人に希望の「ビジョン」を伝えて浸透させることで、シャアは世界を変える巨大な影響力を発揮したのです。

多くの人に希望の「ビジョン」をもたらす者

二度目に宇宙に戻る際、シャアはカミーユに、「宇宙に希望はあったのだ」と言いました。しかし実際には、「宇宙に上がった人達の心の中に、希望があった」という表現が正しいのではないでしょうか。英国のチャーチル、インドのガンジー、アメリカのキング牧師……歴史に残る偉大なリーダーは絶望的な状況でも断固として戦い、自らの姿とメッセージによって、多くの人を奮い立たせて世界を変えました。

先のポラックの文明理論のように、宇宙移民はよい未来を思い描く人々が多かったために、彼らの宇宙コロニーが繁栄したと見ることができます。

宇宙世紀において、赤い彗星のシャア・アズナブルほど多くの人々に「ビジョン」を与えた人物はいません。アムロを覚醒させ、カミーユに将来への希望を持たせ、「世界を良い方向へ変えられる」とエゥーゴの人々が信じる精神的支柱となったのですから。

リーダーとは、人の意識変革をどれほど行えるかによってその存在価値が決まるのではないでしょうか。私たちはビジネスにおいて、個人の人生において、周囲にポジティブなイメージを与え、希望ある「ビジョン」を伝えることができているでしょうか。あなたの姿、あなたの活躍が与える希望が、私たちの社会の未来を決めるかもしれないのです。

Business Point

ごく当たり前の事のように宇宙を変えた男は、誰よりも強く「希望というビジョン」を持っていた。逆境の中、多くの人に「世界を良い方向に変えられる」と信じさせ、現実を変えるほどの巨大な力を発揮したのである。

Chapter8をもっと理解するためのBOOKS

明るい未来を築くため、私たちにできることは何なのか、
いま一度考えよう!

Books 1

未来を変えるちょっとしたヒント

小野良太 著　講談社現代新書　756円（税込）

多くの人の「希望」と「悲観」が国家全体に影響するほどの力を持つなど、キレ味鋭い議論が多い。本書最終章の示唆をくれた書籍でもある。人々が抱くイメージが社会や集団の行動に結びついて結果を変えるなら、正しい未来を創り出すために、私たち自身が思考を管理していくことの重要性がわかる。

Books 2

危機にこそ、経営者は戦わなければならない!

金川千尋 著　東洋経済新報社　1,680円（税込）

「新たな危機への挑戦」「日本企業の経営者よ、共に戦おう」「日本は立ち上がる」など力強い言葉にあふれた本書。著者は13期連続で最高益を更新した信越化学工業の会長にして、世界的な名経営者。厳しくも実践的、かつ前向きな想いが心に深く響く日本人ビジネスマン必読の書。

DVD

機動戦士Zガンダム〔DVD〕

バンダイビジュアル　全13巻　各巻6,300円（税込）

一年戦争から7年、赤い彗星の再登場から始まる物語は、軟禁されているアムロ、そしてブライト、少年カミーユがシャア（クワトロ）に影響を受けて、未来を変えるために激闘する姿を描く。人への影響力、上司力を学ぶ教材にもなる偉大な名作。前作と同様、ビジネス視点ならTV版がおすすめ。

時代の変化に左右されぬ強さ——新たな歩みの先にあったもの

「アムロやブライト、カミーユがその背中を追いかけ続けた存在」

一年戦争から7年後、多くの人が時代と環境の変化で輝きが消え失意の中、半ば諦めに埋もれながら生きている情況にあって、一人の男だけは新たな理想を胸に抱き、戦いを始めていました。

ふてぶてしいほど勝利を確信して戦う姿。
赤い彗星だけが持つ、特異な資質。
それは時代の変化に左右されない強さ。
涼しい顔をして「自らの戦い」に出撃する自由闊達さ。

かつての英雄アムロはガンダムから降りて軟禁されており
艦長ブライトは、環境の変化に翻弄されて力を発揮できずにいました。

時代と環境を活用する形で急成長を成し遂げた彼らは、
ひとつの時代が去ることで輝きと自信も失ってしまいます。
彼らはその能力ではなく、自分に対する確信を失っていたのです。
ガンダムもホワイトベースも、与えられたものに過ぎなかったはずです。
与えられたものを失っただけで、本来の自分の能力まで忘れないことです。

一年戦争の終結で多くの喪失感を味わったシャアは
実は自らが何も失っていないことに、一番早く気づいたのでしょう。
彼は歩みを始め、次第に赤い彗星の鼓動は強く脈打ち始めます。
そして彗星の輝きは暗闇の中で怯えていた人々を変えていくのです。

一方で世界が混乱に包まれた時、不安を感じる人々の心につけ入り大衆の思考や思想を強権的に支配することを企む集団が台頭します。

ティターンズという存在は、自分達に都合のよい思想を人々に与え、操ろうとする悪意の集団を連想させます。


私たちが自らの意思で正しい未来、明るい希望にあふれた未来を諦めてしまえば、未来を創り出す能力を失うことになるのです。

失意のアムロやブライト、シャアに出会う前のカミーユがそうであったように。


赤い彗星が新しい物語で出会う少年カミーユ。

恐らくシャアは彼を「アムロではなく、実は若き日の自分に似ている」と感じていたでしょう。

両親を殺された過去、複雑な生い立ち、純粋さと正義を追求する信念。

アムロの才能を備え、自分に似た純粋さを持つ少年。


若いエネルギーにあふれながらも自らの歩む方向に迷う若者が

皆さんの前に現れた時には、ぜひ手を差し伸べてあげてください。
皆さんの指導があれば、きっとカミーユは見事に大成することでしょう。

数々の戦場を生き抜いた今度の赤い彗星は、
理想の実現へ向けて驚くほどの柔軟性を発揮し平然と自らを変革していきます。

ただし、過去の過ちや後悔から目をそらさずに直視して
自らを誤魔化さずに理解するという痛みに耐えることで
新たなシャアの変革は成し遂げられたはずです。

日本のビジネスの宇宙（そら）は長く深い閉塞の時代を体験しています。
この暗い闇を打ち破る者とは一体どんな存在でしょうか。
おそらく、時代と環境の変化に泣き言を言わず、他人のせいにすることなく
自分を変えることで勝てると強く確信する存在だけが、
世界を本当に変えていく力を持つのでしょう。

シャアは、新たな物語ではたった一人で孤独な戦いをしていません。
彼は自らの輝きで、失意のブライトやアムロを復活させ、エネルギーを持て余していた若き才能であるカミーユを導いて勝利を得ていくのです。

本書は「変化を迎えた新たな時代」を勝ち抜く、個人と組織の在り方をテーマに執筆を進めました。
〝逆境に克つ能力〟とは、自らを変革できる力なのかもしれません。

前作と同じく本書を執筆する上で、貴重な示唆をいただいたクライアント各企業の社長様ならびに全社員の皆様に心からお礼申し上げます。組織論と部下育成に関しては、多数のクライアント各社様との問題解決を参考にしました。今後も成果拡大のため私自身のすべてを使い、お手伝いさせて頂きます。

続編として本書の出版をご快諾頂きました日本実業出版社の皆様に、この場を借りて心よりお礼申し上げます。前作と同様編集をご担当頂きました山浦秀紀様には、変わらず切れ味鋭い指摘と共に赤い彗星、シャアの人物像についても適切なアドバイスを頂きました。

読者の皆さんは本書をいつ、どんな場所で読まれているでしょうか。どこであれ、私たちはそれぞれ異なるビジネス宇宙世紀を支える大切な役割を日々果たしています。

激戦に勝ち帰還しても、明日にはまた颯爽と出撃する多忙な皆さんの姿を見て、心励まされている多くの人達がいることをいつも忘れないでください。

あなたの赤い輝きこそが、アムロやブライトを蘇らせ、若きカミーユに理想と夢を与え、世界を正しく変革することにつながるのですから。

鈴木　博毅

鈴木博毅（すずき　ひろき）
1972年生まれ。慶応義塾大学総合政策学部卒。ビジネス戦略、マーケティングコンサルタント。MPS Consulting Company,Inc.代表。大学卒業後、貿易商社にてカナダ・豪州の資源輸入業務に従事。その後、国内営業系コンサルティング会社に勤務し、2001年に独立。独自の研究とデータ分析から、売上増加を求める企業への集客・戦略コンサルティング、営業部隊などの指導・研修を数多く手がける。顧問先には、オリコン顧客満足度ランキングでなみいる大企業を押さえて1位を獲得した企業や、業界内2～5位から国内シェアNo.1を獲得するまでに成長した企業など、成功事例が多数ある。特に競合が多くシェア争いの激しい業界で売上を伸ばす、独自の差別化戦略はクライアント各社から高い評価を得ている。書籍・雑誌取次大手のトーハン主催で、全国書店経営者300名以上への戦略提案講演を行うなど、講演実績も数多い。著書に『ガンダムが教えてくれたこと』（日本実業出版社）、『超心理マーケティング』『儲けのDNAが教える超競争戦略』（共にPHP研究所）がある。

■MPS Consulting Company,Inc.
http://www.mps-consult.com/

■E-mail
info@mps-consult.com

シャアに学《まな》ぶ“逆境《ぎゃっきょう》”に克《か》つ仕事術《しごとじゅつ》

2012年3月20日　初版発行

著　者　鈴木博毅
発行者　杉本淳一

発行所　株式会社日本実業出版社　東京都文京区本郷3－2－12　〒113-0033
大阪市北区西天満6－8－1　〒530-0047
編集部　☎03-3814-5651
営業部　☎03-3814-5161　振　替　00170－1－25349
http://www.njg.co.jp/

印刷・製本／壮光舎

この本の内容についてのお問合せは、書面かFAX（03－3818－2723）にてお願い致します。
落丁・乱丁本は、送料小社負担にて、お取り替え致します。

ISBN 978-4-534-04900-1　Printed in JAPAN